W0369859

Michael Martin

Bilder aus Afrika

Die Deutsche Bibliothek – CIP-Einheitsaufnahme

Martin, Michael: Bilder aus Afrika /
Michael Martin. –
Würzburg: Stürtz, 1996
ISBN 3-8003-0796-0
NE: HST

Alle Rechte für **KaJo bei Stürtz** vorbehalten
© 1996 Stürtz, Würzburg

Umschlaggestaltung: Karl Johaentges
Gestaltung und Layout: Karl Johaentges, Hannover
Textredaktion: Karl Johaentges und Sybille Gradnitzer
Korrekturen: Uli Zimmermann, Frankfurt
Karten: Liselotte Lüddecke, Hannover

Printed in Germany
ISBN 3-8003-0796-0

Umschlagfotos:
Tuareg-Junge in einer Guelta, Mali
Morgenstimmung im Ngorongo-Krater, Tansania
Düne des Erg Amguid, Algerien
Pokot-Nomadenfrau, Nordkenia
Targi mit Tugulmust, Niger

Die Bilder auf Seite 124, 125 und 148
sind von dem Fotografen Kay Maeritz

Meiner Tochter Gina gewidmet

Edition **KaJo bei Stürtz**, Würzburg

Vorwort

Es gibt viele Wege, sich Afrika zu nähern, doch wirklich verstehen werden wir als Europäer diesen Kontinent wohl nie. Dieses Mißverständnis beruht auf Gegenseitigkeit. Nicht alle Weißen sind Fußballstars, Touristen, Ärzte oder Nonnen und nicht alle Afrikaner leben nackt im Kral oder verelendet im Slum. Auch das Bild Afrikas in unseren Medien spiegelt diese Verwirrung wider: der „Schwarze Kontinent" begegnet uns als Schauplatz von Hungerkatastrophen, Völkermord und Chaos – oder als Naturparadies mit wilden Tieren und edlen, nackten Wilden.

Fast 2000 Völker, ebensoviele Sprachen, Urwälder, Vulkane, auswuchernde Großstädte und unendliche Wüsten bilden ein Mosaik von verwirrender Vielfältigkeit. In diesem Buch werden Afrikas blutige Alpträume und auch unsere Bilderbuchträume nur am Rande berührt. Auch die Tierfotografie ist nicht das Thema. Im Mittelpunkt von *Bilder aus Afrika* stehen Menschen, die Afrikaner des ausgehenden 20. Jahrhunderts. Sie bilden ein schillerndes Spektrum zwischen speerbewehrten Massai und den entwurzelten Slumbewohnern Nairobis. Eine Welt, in der sich westliche Klischees und Konsumträume über die von der Erblast der Kolonialzeit und des Despotismus verschütteten Traditionen gelegt und aus der Not heraus kreative und zuweilen skurrile Ausdrucksformen entwickelt haben.

Kein Erdteil wird so mißverstanden wie Afrika. Aus der Perspektive des Europäers erscheinen das Chaos und die Katastrophen des „Schwarzen Kontinents" wie selbstverschuldet. Doch wird vergessen, daß wir Europäer durch willkürliche koloniale Grenzziehungen die Völker Afrikas, ihre Sprachräume und Kulturen derart nachhaltig zerschnitten haben, daß heute eine geordnete Orientierung kaum noch möglich erscheint.

Wenn man als Siebzehnjähriger dieses Afrika zum ersten Mal kennenlernt, macht man sich darüber wenig Gedanken. Afrika ist Abenteuer, ist die Herausforderung, einen altersschwachen Peugeot durch die Sahara nach Westafrika zu bringen, um ihn dort – mittlerweile ans Herz gewachsen – mit Wehmut zu verkaufen. Nach vierzig Afrikareisen denkt man anders.

Je mehr man in die Wirklichkeit dieses faszinierenden Kontinents vorstößt, umso offensichtlicher wird dabei, daß unser Wohlstand auf ungleichen Bedingungen aufbaut. Afrika benötigt keine Almosen, sondern faire Handelspreise. Allein durch den Verfall der Rohstoffpreise im letzten Jahrzehnt hat Afrika mehr Geld verloren, als wir an „Hilfe" dorthin geschickt haben, von dem Zinsfluß nach Norden ganz zu schweigen. Für uns Reisende aus dem reichen Norden allerdings bleibt jede Afrikatour – ob mit Motorrad oder Jeep – das Abenteuer des wohlhabenden Beobachters.

Die drei Kapitel dieses Buches beleuchten nicht nur sehr verschiedene Regionen Afrikas, sie spiegeln auch die persönliche Entwicklung des Autors und Fotografen wieder.

Michael Martin Karl Johaentges

adlige Tuareg auf weißen Reitkamelen

Mit dem Peugeot durch die Sahara

Samstagmorgen im Hafen von Genua. Autos aller Preisklassen drängen in den Hafen zur *Habib*, der wöchentlichen Autofähre von Genua nach Tunis. Die Autos der heimkehrenden tunesischen Gastarbeiter drohen unter der Last von Kühlschränken, Fernsehern und Möbeln zusammenzubrechen. Perfekt ausgerüstete Mercedes-Geländewagen und Nissan Patrols aus Deutschland und Italien, betagte Hanomags und unübersehbar viele Peugeots 504. Auch wir steuern zwei alte Modelle dieses in der Sahara wegen seiner Zuverlässigkeit so geschätzten Wagentyps. Fahrender Beweis, daß man die Sahara auch ohne Satellitennavigationssystem und Allradantrieb durchqueren kann.

„Autoschieber!" rümpft der Fahrer eines Mercedes-Geländewagens die Nase. Der Vorwurf läßt uns kalt. Sicher, auch unser Peugeot wird einmal in Kamerun, Niger oder Togo als *taxi brousse* die Straßen bevölkern, aber wir fahren nicht durch die Sahara, um uns als Autoschieber zu etablieren. Wir suchen wieder das Abenteuer Sahara, eine langjährige Leidenschaft, die wir mit dem Verkauf des Autos in Westafrika zu finanzieren versuchen.

Tunis. Für entschlossene Saharafahrer ist Tunesien nur eine Art Transit. Ohne Halt erreichen wir um Mitternacht die algerische Grenze und übernachten vor dem verschlossenen Schlagbaum. Unsere Stimmung ist gut, unser Ziel weit gesteckt. Steffi und ich wollen versuchen, von Algerien über Mali nach Mauretanien zu gelangen, Walter und Wolfgang werden uns bis Mali begleiten. In *Tamanrasset* wollen Sebastian und Robert mit einem Citroën dazustoßen, um mit uns weiterzureisen. Und das im Sommer!

In einem kleinen Städtchen im Küstengebirge, *Souk Aharas*, kaufen wir Utensilien für unsere Bordküche ein, erstehen ein paar billige Plastikteller, Besteck, „Harissa"-Tomatenmark in Riesendosen und Kochtöpfe, schlendern noch ein paar Stunden durch die engen Gassen, gesellen uns für eine halbe Stunde zu den Wasserpfeife rauchenden alten Männern in den Straßencafés. Dann kann uns nichts mehr halten. SAHARA! Über Tebessa in den Süden. Der

Übergang von den Steppenlandschaften zur Wüste ist unmerklich. Zuerst verschwinden die Bäume, dann die Büsche, nun wird auch die Grasnarbe immer spärlicher.

Bahr bela ma nannten schon die arabischen Karawanenführer die Sahara – „Meer ohne Wasser". Doch die gewaltigen Dünen, die diesen Vergleich nahelegen, machen nur ein Achtel der Fläche aus, der Rest sind trostlose Steinwüste und vulkanisches Gebirge in unvorstellbarem Ausmaß: Ganz Europa oder die USA samt Alaska oder der australische Kontinent fänden in dieser Wüste Platz.

Die Sahara gehört neben der *Kalahari* und der *Simpsonwüste* in Australien zum Typ der Wendekreiswüsten. In diesen Breitengraden steht die Sonne zu Sommerbeginn mittags im Zenit. In 10 bis 12 km Höhe kommt es zu Luftmassenansammlungen, die zu Absinkbewegungen führen, eine Druckzunahme und Erwärmung der Luft bewirken und dadurch eine Kondensation und Niederschläge verhindern.

Wir fahren zunächst durch öde Steinwüste, sogenannte *Hammada*. Hinter manchen Steinen hat sich bereits etwas Sand abgelagert, den der Nordostpassat zu Miniaturdünen geformt hat. Langsam gewinnt der Sand die Oberhand. Schon bald schlängelt sich die Teerstraße durch grellweiße Sanddünen. Ein heißer Wind peitscht Sandkörner so dicht vor sich her, daß die Umrisse der Dünen verschwimmen. Der Himmel ist bleigrau und bedrohlich.

Der *Grand Erg Oriental*, eines der größten Sandmeere der Sahara. Die Gegend heißt *Souf*, ein Begriff aus der Berbersprache, der mit „Fluß" übersetzt werden kann. Tatsächlich existieren hier unter den Sanddünen unterirdische Wasserströme, die ein ganzes Netzwerk von Oasen ermöglichen. Es ist fossiles Wasser, das, so haben Wissenschaftler herausgefunden, vor Tausenden von Jahren auf diesen Landstrich niederfiel. Als halb Europa unter einem Eispanzer versank, regneten sich die Tiefdrucksysteme noch über der Sahara ab.

Hauptort des Souf ist *El Oued*, überschwenglich die „Stadt der tausend Kuppeln" genannt. Die schönen kuppelförmigen Dächer der Altstadt dienen vor allem der Kühlung der Häuser. Da die Sonnenstrahlen nie frontal auf eine breite Fläche auftreffen, können sich die Wohnhäuser nicht so stark aufheizen wie unter einem Flachdach. Die Kuppeln führen auch die innen aufsteigende Warmluft ab und sorgen für Luftzirkulation.

Die glühende Mittagshitze hat den Markt leergefegt, selbst die Bettler haben sich unter die Marktstände verkrochen und schlafen. Die Wände des kleinen Restaurants, in dem wir vor der stechenden Sonne Schutz suchen, sind giftgrün, das Portrait des Präsidenten hängt hartnäckig an einem Klebeband, der Deckenventilator hat sich vor vielen Jahren zum letzten Mal gedreht. Wir sind die einzigen Gäste. Nur der Ruf des Muezzins zum Mittaggebet durchdringt die Hitze für ein paar Minuten. Unser Blick auf das Poster der algerischen Fußballmannschaft läßt den Wirt sofort hellwach werden. „Sie kommen aus Deutschland?“ fragt er mit unschuldiger Siegermiene. „Erinnern Sie sich noch? – 1982! World Cup! Das 2:1 von Algerien gegen die Alemannen!“

Die Palmgärten befinden sich im Souf in 12 Meter tiefen, oft fußballfeldgroßen Trichtern, die ständig gegen den Wüstenwind verteidigt werden müssen. Tag für Tag schleppen Esel den eingewehten Sand aus den Trichtern, damit dort Palmen gedeihen können.

Dattelpalmen müssen mit den Füßen im Wasser, mit der Krone im Feuer stehen, so ein arabisches Sprichwort. Bis zu 200 Liter Wasser benötigt diese wichtigste Nutzpflanze der Sahara täglich. 20 Millionen Dattelpalmen prägen die Silhouette unzähliger Saharaoasen und sichern die Existenz ihrer Bewohner. Pro Jahr liefern sie bis zu 100 Kilo stärke- und vitaminreiche Nahrung, sie dienen als Schattenspender für die Gärten, Bauholzlieferant und Brennholzquelle. Selbst die Kerne werden zu Öl gepreßt oder an Kamel und Esel verfüttert.

Von El Oued führt die Teerstraße schnurgerade über *Touggourt* nach Süden. Die Sanddünen des Souf sind in Hammadas übergegangen, Palmenhaine nur noch grüne Erinnerung. Entgegenkommende gewaltige Sattelschlepper, breiter als die Straße und gelenkt von Fahrern, die in ihren Kabinen wie Zwerge wirken, zwingen uns immer wieder zum Anhalten. Sie transportieren Bauteile für Pipelines, die vom Erdölzentrum *Hassi Messaoud* zur Mittelmeerküste verlaufen. Schon von weitem sind am Horizont die riesigen Feuerbälle der Bohrlöcher zu erkennen.

Wir fahren nach kurzer Rast weiter durch die warme Nacht nach Süden. Im Mondlicht glänzen die ersten Dünen des Grand Erg Oriental. Die Teerstraße durchquert dieses Dünenmeer im *Gassi Touil*, einem mehrere Kilometer breiten Dünental. Irgendwann nach Mitternacht verlassen wir die Piste und breiten am Fuß einer sanft geschwungenen Düne unsere Schlafsäcke im warmen Sand aus. Welch ein Sternenhimmel! Und die Stille ist absolut. Nur das Hüpfen einer winzigen Wüstenspringmaus ist zu hören.

Nach 360 km kündigt die Michelinkarte als nächsten Ort *Hassi Bel Guebbour* an. Eine Tankstelle und ein fensterloser Bretterverschlag, auf dem in großen lateinischen Buchstaben das Wort „Café“ steht.

Bis zur nächsten Tankstelle sind es 1000 Pistenkilometer. Grund, auch die bis jetzt leeren Reservekanister zu füllen. An der nahen artesischen Quelle, aus der das Grundwasser in einem armdicken Strahl heraussprudelt, füllen wir unsere Wasserreserven auf. 600 Liter im Notfall genug für 20 Tage.

Hinter Hassi Bel Guebbour endet für uns der Asphalt, eine brutale Wellblechpiste beginnt. Härtetest für Fahrzeug und Insassen. Die regelmäßigen Querrinnen haben eine Wellenlänge von ca. 80 cm und sind bis zu 30 cm tief. Es gibt nur zwei Möglichkeiten. Ganz langsam mit 20 km/h: Dann taucht man in jede Welle ein und fühlt sich schlimmer als auf einem Kamelsattel. Oder Gas geben: Bei 80 km/h fliegen die Reifen über die Rinnen, sie berühren nur noch die Spitzen des Waschbretts. Aber nun geht auch die Bodenhaftung verloren, und das ist vor allem bei überladenen Wagen gefährlich und erfordert höchste Konzentration. Nur nicht bremsen!

Wir kommen gut voran, auch die Markierungsstangen tauchen regelmäßig alle 5 Kilometer auf. Am späten Nachmittag erreichen wir die 250 m hohen Dünen des *Erg Amguid*. Vom Wind herangewehte Sandmassen lagern sich zunächst hinter kleinen Hindernissen ab und wachsen sich zu einem riesigen Dünenmeer aus, das sich am Horizont im Orange der untergehenden Sonne verliert.

Wir packen die Wasserflaschen und beginnen den „Gipfelsturm“. Das ist mühsamer als erwartet. In tausend kleinen Lawinen rutscht der Sand unter unseren Schritten nach unten weg. Abwärts geht's schneller, es ist schon fast wie Skifahren.

Bei einer Routinekontrolle bemerken wir, daß die beiden vorderen Federbeine durch die Radhäuser brechen. Schweißarbeiten könnten das Auto retten. Aber hier am Erg Amguid? Hatten wir nicht vor ein paar Stunden das Wrack eines 504er gesehen, das wir als Organspender mißbrauchen könnten? Die Rückfahrt lohnt sich. Vorsichtig sägen wir aus der blankgeschliffenen Motorhaube der Peugeotleiche zehn Blechstreifen, bohren mit der Handbohrmaschine vor und schrauben die Streifen quasi als Verstärkung auf die brüchigen Radkästen. Es hält. Selbst nach einer unerwarteten Bodenwelle halten unsere „Heftpflaster" die Karosse zusammen. Ohne Schrauberkenntnisse und ein wenig Improvisationsgabe sollte man sich mit einem alten Auto nicht in die Sahara wagen.

An der Südspitze des Erg Amguid verlassen wir die Piste und folgen dem Lauf des *Oued Igharghar* nach Süden, um das weitgehend unbekannte *Teffedest-Gebirge* im Osten zu umfahren. Derartige Querfeldeinstrecken reizen jeden Saharafahrer, denn nirgendwo ist das „Wüstenfeeling" größer als abseits der Pisten. Aber es ist (nicht nur für alte Pkws) auch ein Wagnis, das ohne entsprechende Sicherheitsvorkehrungen schnell lebensgefährlich werden kann. Zwei Fahrzeuge, ein umfangreiches Werkzeug- und Ersatzteilsortiment und großzügig kalkulierte Wasser- und Spritvorräte sind ein Muß. Ende der 80er Jahre sind allein auf der Hoggar-Piste zwischen Tamanrasset und *Agadez* jährlich bis zu 80 Touristen verdurstet.

Wir genießen es, abseits der Pisten unterwegs zu sein. Inzwischen haben wir auch Vertrauen zu unseren Autos, von denen wir hier völlig abhängig sind. In regelmäßigen Abständen halten wir an und versuchen, mit Kompaß und 1:1 000 000-IGN-Karte unseren Standort zu lokalisieren. Langsam baut sich im Westen das Granitmassiv des Teffedest auf. Wegen fehlender Brunnen ist der Nordteil des Gebirges völlig menschenleer. Die Luft flimmert unerträglich. Dann tauchen, Allah sei Dank, im Osten die Dünen des *Erg Telachchimt* auf, im Südwesten tanzt ein Bergkegel auf heißen Luftschichten. Wir haben unsere Karten richtig gelesen.

Am Fuß des *Garet el Djenoun*, des höchsten Berges im Teffedest, überrascht uns ein Sandsturm. Zuerst ist es ein leichter Wind,

der uns weckt. Minuten später haben wir Mühe, die herumfliegenden Töpfe einzusammeln und uns in unsere Wagen zurückzuziehen. Sturmböen schütteln die Autos, an Schlafen ist nicht zu denken.

Eine Stunde nach Morgengrauen ist es noch immer stockdunkel, selbst zwei Stunden nach Sonnenaufgang sind nur die Umrisse von Wolfgangs Peugeot zu erkennen. Die Sicht beträgt zwischen drei und vier Metern. Was tun? Weiterfahrt nach Kompaß ist zu gefährlich. Wir sind abseits aller Pisten, ein Sichverfahren kann tödlich enden. Wir wenden und parken die Autos vom Wind abgewandt. Abwarten ist in den gefürchteten Sandstürmen die bessere Wahl. Der Sturm macht selbst jede Fortbewegung im Freien zur Qual. Sandkörner bohren sich wie Nadeln in die Haut, verkleben die Augen und knirschen zwischen den Zähnen. Wir sitzen den ganzen Tag in den Autos, hören die einzige noch nicht versandete Musikkassette rauf und runter. Fast unmerklich gleitet der Tag in die Nacht über. Walter kocht zwischen den Vordersitzen, gegessen wird in unserem Wagen. Als wir am nächsten Morgen aufwachen, ist der Himmel klar, nur die blankgeschliffenen Nummernschilder erinnern an die Laune der Natur.

Den einzigen Durchschlupf durch das Teffedest-Gebirge ermöglicht ein ausgetrocknetes Flußtal, das *Oued Dehine.* Weichsand. Trotz Reduzierung des Reifendrucks quälen sich unsere Peugeots nur langsam durch den Treibsand. Irgendwann ist dann Schluß. Eingesandet. Es schlägt die Stunde der Bodenbleche, die jeder Saharafahrer stolz auf seinem Wagen mitführt. Unsere sind ehemalige Luftlandebleche, wie sie im 2. Weltkrieg beim Bau provisorischer Landebahnen zum Einsatz kamen. Man findet sie heute noch auf Schrottplätzen.

Wir schaufeln den Sand unter dem Auto hervor, bis das Chassis nicht mehr auf dem Untergrund aufliegt. Dann werden die Bleche vor die Hinterräder gelegt. Einer ruft das Kommando, einer gibt Gas, der Rest schiebt was die Kräfte hergeben. Siebenmal graben wir den Peugeot aus dem Sand, dann erreichen wir wieder harten Untergrund.

Wie aus dem Nichts steht uns ein kleiner Junge gegenüber. Ihm folgt eine Ziegenherde – und mit stolzem, selbstbewußten Gang ein hochgewachsener Tuareg, der Vater. Seine blauen Augen blitzen hinter dem *Tugulmust* auf, als er uns begrüßt und sich als Ismail vorstellt. Die Art, wie er das meterlange indigoblaue Tuch zum Tugulmust gebunden hat, weist ihn als adeligen *Ihaggeren* aus. Diese stehen an der Spitze einer strengen hierarchischen Gesellschaftsordnung der Tuareg. Früher gründete sich ihre politische und wirtschaftliche Macht auf Raubzüge und die Abgaben der von ihnen Abhängigen, den *Imrad*, denen sie als Gegenleistung Schutz und Fürsorge boten.

Diese Hierachie ist heute allerdings häufig durcheinandergeraten. Die dunkelhäutigen *Iklan,* die den Ihaggeren als Sklaven dienten, sind als Werkstattbesitzer oder Oasenbauern zu bescheidenem Wohlstand gekommen. Ihre ehemaligen Herren, die Ihaggeren, sind dagegen oft verarmt.

Auch Ismail hat in den letzten Dürrejahren viele Kamele und Ziegen verloren. Sein ältester Sohn arbeitet sogar als Wachmann in Tamanrasset. Der Familie muß es schlechtgehen, denn Lohnarbeit wird von den Ihaggeren zutiefst verachtet.

Ismail bittet uns in sein Zelt. Nachdem er mit einer seiner Ledersandalen die Glut des Feuers, um das wir auf Strohmatten Platz genommen haben, angefacht hat, wickelt er aus einem fest verknoteten Tuch eine kleine Emailkanne, ein Päckchen Tee und die Reste eines Zuckerhuts. Aus einem alten Ölkanister gießt er vorsichtig Wasser in die Kanne und stellt sie in die Glut. „Das ist der 65er, es ist der beste", kommentiert er stolz mit Blick auf die Produktnummer des grünen chinesischen Tees und gibt eine große Menge davon in das kochende Wasser. Dann stellt er einige kleine Teegläser auf einem Silbertablett auf und gießt elegant mit hohem Schwung zielgenau ein. Nur, um den Inhalt sofort wieder in die Kanne zurückzugießen. Erst nachdem er diese Prozedur mehrmals wiederholt hat, wird der Tee serviert. Wir bemühen uns, möglichst laut zu schlürfen, was als Zeichen des Genusses gilt. Ismail hingegen kippt das erste Glas wie ein Trinker seinen Schnaps und gibt noch mal Wasser auf die Teeblätter, um den zweiten Durchgang vorzubereiten. Drei Gläser werden serviert, weniger wäre eine Beleidigung, mehr ein Zeichen von Maßlosigkeit.

Der *Assekrem-Paß* über das zentrale *Hoggargebirge* (von der Größe Frankreichs) war bis Anfang der 80er Jahre unter Saharafahrern wegen seiner Steigungsstrecken gefürchtet, und auch ich habe ihn in schlechter Erinnerung. 1982 waren wir mit

unserem alten Opel Kadett an halsbrecherischen Passagen kurz unterhalb der Paßhöhe in 2500 m Meereshöhe gescheitert. Aber ein Peugeot 504 ist natürlich kein Opel Kadett!

In immer steileren und engeren Serpentinen windet sich die Piste direkt an den bizarren vulkanischen Felsnadeln und Türmen vorbei. Je höher wir kommen, desto spektakulärer wird die Landschaft. Aber die Abgründe lassen keine Zeit für verträumte Ausblicke. Immer wieder kracht der Wagen auf dem felsigen Untergrund auf, aus der Motorhaube dringt heißer Dampf, das Kühlwasser kocht. Nur nicht anhalten, ein Wiederanfahren wäre unmöglich.

Der Ausblick auf der Paßhöhe entschädigt für die Strapazen. Aber das Abendlicht erlaubt keine Atempause. Mit Kameratasche und Wasserflasche machen wir uns zur Kapelle von *Charles de Foucauld* auf. Der französische Offizier, Lebemann und Jesuitenpater hätte keinen besinnlicheren Ort für seine Einsiedelei und Kapelle finden können. 1911 verbrachte er hier fünf Monate in totaler Einsamkeit. Heute leben drei Patres in den Steinklausen der von ihm gegründeten Eremitage auf dem Assekrem.

Im Westen versinkt über namenlosen Gebirgszügen des Hoggars die Sonne, die im Osten die drei Assekremtürme bis ins Tieforange verfärbt, um sie dann den Farben der Nacht zu überlassen. Im Tertiär, vor 20 Millionen Jahren, durchbrach intensiver Oberflächenvulkanismus das Kristallinschild des Hoggars. Nachdem die Vulkane erloschen waren, wurden sie Opfer der Erosion. Übrig blieben lediglich die Lavafüllungen der ehemaligen Vulkanschlote.

„Man erlebt sie mit Erstaunen, diese außer Dienst gestellte Landschaft, in der einst tausend Vulkane ihre Salven dem Himmel entgegenspien", lese ich in einem Buch, das mir einer der Patres als Nachtlektüre ausleiht. „Es ist eine Welt, wo schwarze Drachen sich bekämpfen und gegen die Berge anrennen, die blaue Blitze umwallen; wo ich, wenn die Nacht gekommen ist, frei bin und meinen Weg in den Sternen lese." Geschrieben 1935 von Saint-Exupéry, Dichter und Pilot, der mit seinem Flieger auf dem Weg nach Indochina in der Sahara bruchgelandet war.

Unser nächstes Ziel ist die *Chapuis-Quelle*, knapp 15 km vor Tamanrasset. Aus einem kleinen Erdloch, über das inzwischen ein Restaurant gebaut wurde, strömt kohlensäurehaltiges Quellwasser. Wir füllen sämtliche Wasserkanister auf, denn seit Tamanrasset sich vom verschlafenen Tuaregdorf in eine Garnisonsstadt wandelte, hat der Ort keine sichere Wasserversorgung mehr.

Ein paar Tuareg bevölkern die Straßencafés, Soldaten aus dem Norden schlendern gelangweilt durch die Hauptstraße, Touristen sind auf der Suche nach vorzeigbaren Souvenirs, im Hotel „Tahat" schimpfen die Gäste über steinharte Baguettes und das warme Bier. Tamanrasset ist zum militärischen und touristischen Brennpunkt Südalgeriens geworden.

Der Campingplatz, verborgen hinter hohen Mauern, war 1986 noch Drehscheibe des Saharatourismus. Hier wurden Mitfahrgelegenheiten abgesprochen, die Autopreise in Westafrika mitgeteilt, die neuesten Horrorgeschichten von verdursteten Gleichgesinnten ausgetauscht, Geländewagen miteinander verglichen – und gewartet. Oft vergeblich, denn Ersatzteile, die der Notdienst des ADAC verschickt hatte, erreichten Tamanrasset nur selten. Trotz alledem: die Sahara zählte damals noch zu den sichersten Reisegebieten Afrikas.

Heute ist der Campingplatz leer. Seit Beginn des Tuareg-Konflikts 1991 häuften sich auf den beiden Hauptpisten durch das Hoggar und die *Tanezrouft*-Wüste Überfälle. Es waren nicht nur Tuareg-Kämpfer, die Touristenautos ‚rekrutierten'. Den Verfall der staatlichen Autorität im Norden Nigers und Malis nutzen auch Banditen.

Obwohl die beiden Pisten wieder geöffnet sind, ist der Saharatourismus infolge politischer Spannungen in Algerien am Boden. Kein Wunder, seit militante islamische Fundamentalisten im Dezember 1993 alle Ausländer ultimativ aufforderten, das Land zu verlassen, ist das Saharaabenteuer, jedenfalls was die Anreise durch den Norden Algeriens angeht, ein gefährliches Unternehmen geworden. Innerhalb von sechs Monaten wurden über 50 Ausländer Opfer grausamer Mordanschläge. Die *Islamische Heilsfront*, 1992 vom Militär um den Wahlsieg gebracht, distanziert sich zwar von den Morden, aber niemand glaubt ihr.

In Tamanrasset schließen sich Münchener Freunde mit einem Citroën GS an. Gemeinsam wollen wir über den algerischen Grenzort *Timiaouine* nach Mali ausreisen und das 1200 km entfernte *Gao* am Nigerfluß erreichen. Hinter Tamanrasset kurzer Genuß von 40 km Teerstraße, dann geht's auf rauher Piste dem *Oued Amded* entlang nach Südwesten. Die vegetationslose Landschaft ist flach, leer, unendlich eintönig. Nur die Luftspiegelungen und die im Abstand von 5 Kilometern aufgestellten Markierungsstangen bringen etwas Abwechslung in die Fahrt.

Aber eine Saharafahrt birgt immer Überraschungen. Plötzlich, ohne Vorwarnung, sackt Sebastians alter Citroën GS in sich zusammen, das Bodenblech kreischt, Steine spritzen zur Seite. Der Wagen steht. Der Fahrer und Besitzer vergräbt sein Gesicht verzweifelt in den Händen. Nicht einmal eine Hand läßt sich zwischen Bodenblech und Piste schieben.

Hydraulikschaden. Die berühmte pneumatische Hydraulik-Federung des Citroën GS (ein äußerst aufwendiges System von Hydraulikpumpe, Federkugeln und vielen Metern Hydraulikleitungen) ist die Achillesferse des GS. Nach mühevollem Aufbocken und der Demontage des Hinterrades ist die Fehlerquelle, eine angeschlagene Hydraulikleitung, schnell entdeckt. Da hilft nur eines: Leitung abklemmen, das ganze System entlüften und wieder Druck aufbauen. So die Theorie. Was auch immer

wir basteln, der GS bäumt sich nur für Sekunden auf und geht immer wieder ohne ersichtlichen Grund in die Knie.

„Bei Problemen mit der hydropneumatischen Hydraulikfederung Ihres Citroën suchen Sie bitte eine Fachwerkstatt auf", rät die *„Jetzt helf ich mir selbst"*-Bibel von Dieter Korb. Wir trinken einen 10-Liter-Wasserkanister leer und beugen uns wieder verzweifelt über den Motor. Die Hydraulikpumpe erscheint uns wie ein schwarzes Ungeheuer. Keiner wagt es auszusprechen: Wir müssen den Citroën stehenlassen. Wortlos sucht Sebastian seine persönlichen Sachen zusammen und schleppt sogar noch die riesigen Citroën-Scheinwerfer an, die in Mali gutes Geld bringen. Wir sehen ihm an, wie schwer es ihm fällt, sich von seinem geliebten Citroën zu trennen. Steffi räumt die Rückbank für Sebastian und Robert frei.

Bevor wir umgepackt haben, tauchen in der Ferne Lkws auf. Die ersten Autos seit vier Tagen. Als die letzte Luftspiegelung sie freigibt, erkennen wir deutsche Kennzeichen. Autoschieber. Auf den Ladeflächen der alten Mercedes-Lastwagen sind Peugeots festgezurrt. Während der eine Fahrer keine Anstalten macht, auszusteigen, klettert der andere aus seinem Führerhaus. „Hast du Ahnung von Mechanik?" lautet unsere Begrüßung und „Bin Automechaniker" die knappe Antwort. Mit Blick auf den GS fügt er hinzu: „Habe auf Citroën gelernt."

Mit wilden Gesten schildern wir ihm die erlebten Phänomene. Er nickt nur, greift sich einen Schraubenschlüssel und öffnet das Ventil der Hydraulikpumpe. „Da fehlt die Ventilkugel." Ventilkugel? Nie gehört. – „Meinst du die da", fragt Steffi und hält dem Mechaniker eine winzige Stahlkugel unter die Nase. „Die habe ich vorhin im Sand unter dem Citroën gefunden." Nun geht alles routiniert. Mit wenigen Handgriffen sitzt die Kugel im Ventil, aus dem sie bei unseren ersten Entlüftungsversuchen rausgesprungen sein muß. Und mit aufheulendem Motor hebt sich der altersschwache Citroën aus dem Sand – wie der Phönix aus der Asche.

Sebastian schenkt dem Mann mit Freudentränen die Flasche ‚Pastis', die für die störrischen Zöllner von Timiaouine gedacht war. Wir geben Gas. Langsam verschwinden die Lkws in unseren Rückspiegeln. Ein beruhigendes Gefühl, einen Citroënmechaniker hinter sich fahren zu wissen.

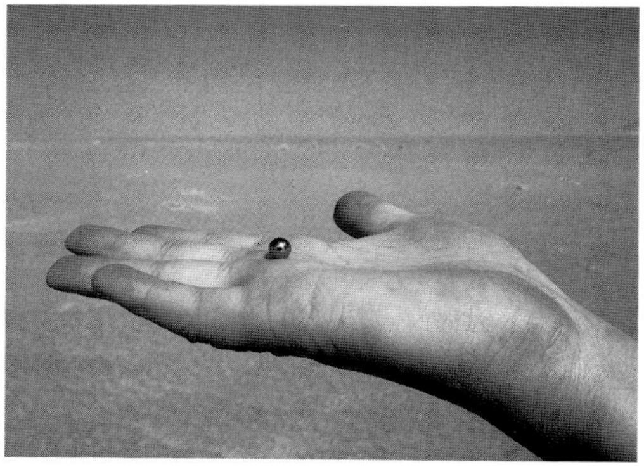

Dafür schüren nach dem obligatorischen Spaghetti-Menü die Spuren einer Sandviper neben unserem Nachtlager neue Ängste. Diskussionsthema des Abends: Wie lange hat man nach dem Biß einer Sandviper noch zu leben? Schlangen suchen in der Kälte der Nacht die Nähe von Menschen. Da überlegt man sich schon, ob es nicht sinnvoll ist, die Nacht auf der Motorhaube eines Peugeot zu verbringen. Genial war Sebastians Idee, mit all unseren Wassertanks eine Wagenburg gegen die tödliche Bedrohung zu bauen. My home is my castle.

Wie müssen sich die frühen Forscher auf ihren Reisen durch die Sahara gefühlt haben? Sie drangen mit ihren Kamelkarawanen in Niemandsland und dimensionslose Leere vor. Zwischen 1850 und 1855 legte *Heinrich Barth* mit Kamelen und Pferden über 15 000 Kilometer durch die Sahara zurück. Nachdem zahlreiche – vor allem britische – Forscher in der Wüste verschwunden waren, war der Hamburger der erste Weiße, der die Sahara von Norden nach Süden (Tripolis–Timbuktu) durchquerte. 1874 ging der königlich-preußische Forschungsgesandte *Gerhard Rohlfs* (ein Bremer) mit einem gewaltigen Troß von über 100 Kamelen auf Forschungsexpedition. Von seinen Aufzeichnungen zehrt noch heute die Wüstenforschung.

Ohne Kamele wären diese Vorstöße in die lebensfeindliche wasserlose Einöde nie möglich gewesen. Und was wären die Mauren, Tuareg und Tubu heute ohne diese Überlebenskünstler, die ihnen die Existenz in der Wüste überhaupt erst ermöglichen. Sie liefern auch Milch, Fleisch und Leder.

Der ganze Kamelkörper ist bis ins kleinste Detail auf die mörderischen Temperaturen und aufs Wassersparen eingestellt. Die langen Beine heben seinen Körper über die bodennahen heißen Luftschichten, der der Sonne zugewandte Rücken ist mit dicken Fettschichten isoliert, die auch als Notration fungieren. 200 Liter Wasser können sie in einer Viertelstunde runtersaufen und dann über zwei Wochen in zahllosen Speicherzellen vorhalten. Selbst der aus der Niere kommende Harn wird vor dem Ausscheiden noch teilweise recycelt.

Bis Timiaouine sind es noch gut 100 km. Plötzlich am Pistenrand drei Fußgänger. Sie winken panisch mit leeren Wasserkanistern. Ihre zerrissenen Kleider und ihre verstaubten, leeren Gesichter lassen die drei wie Zombies wirken. „Wasser!" Während der Älteste mit letzter Kraft den schweren 10-Liter-Kanister zum Trinken ansetzt, starren seine beiden Begleiter wie hypnotisiert auf den sich rasch leerenden Kanister.

Der Älteste hat die Sprache wiedergefunden. „Tamanrasset – ist das noch weit?“ fragt er und beginnt zu erzählen. „Wir wollen nach Libyen. Dort soll es gute Arbeit geben. Libyen ist reich.“ Vor zwei Monaten waren sie in Burkina Faso zu dieser Odyssee aufgebrochen. Vier Wochen benötigten sie bis Gao, dort hatten sie ihr Radio gegen eine Mitfahrgelegenheit nach Timiaouine eingetauscht. Den Rest waren sie gelaufen. Und nun boten wir ihnen an, sie wieder zurück nach Timiaouine mitzunehmen. Sie lehnen entrüstet ab, bitten um Auffüllung ihrer mit Sackleinen umwickelten 5-Liter-Plastik-Kanister. Das reicht kaum für einen Tag – aber sie lassen sich nicht umstimmen.

Als wir Timiaouine erreichen, steht die Sonne im Zenit. Zwischen den wenigen Lehmhäusern sind keine Menschen zu sehen, nur ein Wüstenhuhn rennt über den zentralen Platz. Ein heißer Sandwind bläst durch den Ort und droht die algerische Fahne auf der Zollstation zu zerreißen.

„Passeport!“ brummelt ein vom Schlaf gezeichneter Zöllner. Er scheint seine Strafversetzung hierher noch nicht verwunden zu haben. Aber schon nach wenigen Minuten und ohne lästige Fragen erhalten wir unsere Pässe gestempelt zurück. Wir fahren zur Tankstelle. Die Zapfsäulen sind aus Chrom, das moderne Kassenhäuschen und der Tankwart im gelben Overall wirken in diesem staubigen Nest wie von einem anderen Stern. Nur Benzin gibt's nicht. Vor 5 Monaten habe er das letzte Auto betankt, erzählt der Tankwart wehmütig. Zum Glück reicht unser Sprit, um bis Gao am Niger zu kommen.

Kurz vor Sonnenuntergang erreichen wir die Tanezrouft-Piste, die neben der Hoggarpiste die wichtigste Transsahararoute darstellt. Wieder eine Horrornacht. Während wir kochen, rast plötzlich eine riesige Spinne durch den Lichtkegel der Stablampe. Geblendet hält sie inne: ein handtellergroßes, behaartes, mit großen Beißzangen bewaffnetes Monster. Wir stürzen schreiend weg. Sekunden später ist sie verschwunden.

Wolfgangs Bestimmungsbuch identifiziert das Tier als *Walzenspinne*: „Die Walzenspinnen sind nachtaktive Jäger, die ihre Opfer mit riesigen Beißzangen töten. Sie sind ungiftig, doch ihr Biß verursacht auch beim Menschen blutende Wunden. Vom Temperament her sind Walzensspinnen sehr aggressiv und gefräßig. Sie verspeisen eine 15 cm lange Eidechse innerhalb von zwanzig Minuten.“

„Hier schlafe ich nicht“, sagt Robert in einem Ton, der keine Widerrede duldet. Nach einer Abstimmung packen wir und fahren ein paar Kilometer nach Süden.

Tessalit, der erste Ort in Mali. Der wüstenhafte Norden des Landes ist seit 1991 Schauplatz blutiger Konfikte zwischen Tuareg-Kämpfern und der malischen Armee. Seinen Ausgang nahm der Konflikt 1990 im Niger, als Zehntausende vor der Dürre nach Algerien und Libyen geflohene Tuareg mit Hilfe des Roten Kreuzes in den Niger zurückkehrten. Proteste gegen das Verschwinden der für die Tuareg bestimmten Rückkehrhilfen wurden von der Militärregierung mit einer Verhaftungswelle beantwortet. Die Situation eskalierte, als Tuareg das Gefängnis von Tchin Tabaraden stürmten. Die damaligen nigrischen Militärmachthaber reagierten mit blutigen Massakern in den Nomadenlagern, dagegen formierten sich wiederum mehrere Guerillaorganisationen, die aber aufgrund unterschiedlicher politischer Zielsetzungen (eigener Tuaregstaat oder nur mehr Selbstverwaltung?) heute zerstritten sind.

Die Kampftaktik der Tuareg besteht in Überfällen auf Polizeistationen und Militärkonvois. Da die Militärs den Tuareg-Kämpfern in den Weiten der Sahara nur schwer beikommen können, halten sie sich an die Tuareg-Zivilbevölkerung, Soldaten vergewaltigen und morden wahllos in den Nomadenlagern. Es genügt, Targi zu sein, um standrechtlich erschossen zu werden.

Neben wirtschaftlichen Aspekten (im Norden Nigers gibt es Uran und Erdöl) hat der Tuaregkonflikt – wie die meisten Konflikte in Afrika – auch eine ethnische Dimension. Die hellhäutigen Tuareg sehen seit Jahrhunderten geringschätzig auf die schwarzafrikanischen Bauernvölker, die heute die Machtelite Malis und des Nigers stellen, herab. Für die malischen und nigrischen Machthaber sind die Tuareg ein Volk, das ihre Autorität nicht anerkennen will, sich nicht um Grenzen schert und ihre Vorfahren als Sklaven hielt. Die seit der Unabhängigkeit Nigers und Malis Anfang der 60er Jahre betriebene Politik zielte immer darauf ab, die Tuareg zu demütigen. Nach vier Jahren Tuareg-Rebellion ist die Situation sowohl im Niger als auch in Mali verfahren. Der in Mali zwischen den Rebellenbewegungen und der neuen Regierung im April 1992 geschlossene „Nationalpakt", der die Tuareg-Kämpfer in die reguläre malische Armee integrieren sollte und Entwicklungsmaßnahmen für den Norden Malis festschrieb, erfüllte die Erwartungen nicht. Angriffe und Gegenangriffe gehen in Mali und im Niger bis heute weiter, noch immer befinden sich Zehntausende von Tuareg als Kriegsflüchtlinge in den Nachbarländern. Und eine Lösung ist nicht in Sicht.

Wieder eine Nachtfahrt. Im Licht der Scheinwerfer werfen die Bodenwellen lange Schatten. Plötzlich springt ein wildvermummter Mann in den Scheinwerferkegel und bringt uns fuchtelnd zum Stehen. Mit ungutem Gefühl steigen wir aus, vermuten einen Überfall. Aber der Verzweifelte will sich nur für ein paar Minuten einen 13er-Schlüssel borgen, um einen aufgegebenen Peugeot auszuschlachten.

Und wenige Kilometer später verreckt der GS. Es ist wirklich kein Peugeot! Motorschaden. Festgefressene Kurbelwelle. Was tun? Abschleppen bis Gao ist bei diesen Sandpisten unmöglich. Sebastian und Robert beschließen, den Wagen bei einer Tuareg-Familie abzustellen und im nächsten Jahr einen neuen Motor einzubauen. Saharafahrer sind eine fanatische Spezies. (Ein Jahr später kehrt Sebastian tatsächlich mit einem Austauschmotor zurück. Nach langem Suchen findet er den Wagen in dem Dorf *Tabankort* vor dem Haus des Ortsvorstehers. Aber die ‚Parkgebühr', die der Targi verlangt, übersteigt bei weitem den Wagenwert. Erst nach zwei Verhandlungstagen einigen sie sich, Sebastian erreicht mit dem neuen Motor Gao, wo er den GS verkauft.)

100 Kilometer vor Gao bringen uns Soldaten am Wegesrand mit gebieterischen Handbewegungen zum Stehen. Ich hatte noch nie eine Kontrolle auf offener Piste erlebt. Waren das überhaupt reguläre Soldaten? „Passeport" bellt der Uniformierte und läßt unsere Reisedokumente gleich in seinen Hosentaschen verschwinden. „Öffnen Sie den Kofferraum!" Ziellos wühlt er zwischen unseren Gepäckstücken, dann brüllt er: „Ihr Auto ist konfisziert! Geben Sie mir die Schlüssel!" Unser Protest verunsichert ihn jedoch, und mit wichtigtuerischer Miene erläutert er uns den Grund: „Wir haben den Auftrag, algerische Schmuggler zu jagen. Leider haben wir kein Auto."

Nur nicht grinsen! Um Schlimmeres zu verhindern, biete ich mich als Chauffeur an. Kaum hat der Chef des unmobilen Einsatzkommandos umständlich mit seiner Knarre im Wagen Platz gefunden, bellt er auch schon Befehle: „Wenden und zurück!" Ich versuche, mir die Strecke einzuprägen, doch die Piste teilt sich immer wieder. Nach

20 Kilometern und einbrechender Dunkelheit greife ich zu einer Notlüge: „Wir bekommen bald ein Benzinproblem." „Weiter!" herrscht er mich an. Außer Dornbüschen und ein paar Gazellen ist nichts zu sehen. Dann entdeckt er plötzlich in großer Entfernung einen Lkw. „Die Schmuggler!" ruft er mit Siegermiene. Ich lenke den Peugeot aus der tiefen Sandspur und suche mir einen Weg durch die Büsche. Kreischend schrammen die dornigen Äste den Lack. „Schneller, schneller, fahren Sie doch!" brüllt er.

Der Lkw stoppt, der Alte packt sein Gewehr, springt aus dem Wagen und hastet hinüber zu dem algerischen Laster. Ich sehe den Fahrer mit erhobenen Händen aussteigen, sehe, wie sie ihn hinter den Lkw treiben. Schreie. Minuten später kommt der Fahrer mit blutigem Gesicht hinter seinem Fahrzeug hervor. Der Uniformierte befiehlt ihm, zwei Säcke Datteln in unseren Wagen umzuladen. Dann der Rückzugsbefehl: „Retour!" kläfft er und dirigiert mich mit knappen Handbewegungen zurück. Auftrag erledigt. Mit „Die Algerier sind alle Verbrecher!" entläßt er uns wieder auf die Wellblechpiste. In vielen Staaten Westafrikas schlüpfen Soldaten je nach Lage in die Rolle von Richtern, Plünderern, Verkehrspolizisten, Kriminalisten und Mördern. Der ihnen von der einfachen Bevölkerung zuteil werdende Respekt gründet sich meist auf die bittere Erfahrung, daß ein umgehängtes Gewehr mehr zählt als ihr Recht.

Die ersten Lehmhütten von Gao tauchen auf. Hier endet die Sahara, hier beginnt Schwarzafrika. Die Frauen sind nicht mehr verschleiert, in bunten Gewändern stehen sie lachend am Brunnen. Aus einer Kneipe dringt Zaire-Musik, davor warten Hunderte von Bierkästen auf Abholung. Was für ein Unterschied zu den Oasen Algeriens.

Obwohl auch in Mali der Islam die dominierende Religion ist, wird er liberaler praktiziert und erlaubt auch spezifische schwarzafrikanische Kultur- und Glaubenselemente wie den Fetischismus. Auch die Rechte der Frauen sind im islamischen Schwarzafrika nicht so beschnitten wie im Maghreb. Der Islam feiert in Schwarzafrika derzeit einen triumphalen Siegeszug. Im Gegensatz zu den Religionen des Christentums erwarten viele vom importierten Islam eine neue, starke Identität.

Gao war seit dem Jahre 1009 Zentrum und Hauptstadt des mächtigen *Songhai-*

Reiches, das sich seit dem 7. Jahrhundert am mittleren Niger herausgebildet hatte. Doch erst unter dem blutrünstigen Herrscher *Sonni Ali*, mit dem die *Sonni-Dynastie* begann, gelangte Songhai zu seiner eigentlichen Macht und Größe und umfaßte zeitweilig die Gebiete des heutigen Senegal, Mali, Mauretanien und Niger. Im 15. Jahrhundert baute *Askia der Große* die Verwaltung aus und holte auch die vertriebenen islamischen Gelehrten wieder zurück. Erst nach der Eroberung durch die marokkanischen Paschas 1593 versank Gao wieder in provinzielle Bedeutungslosigkeit.

Wir parken vor dem „Hotel Atlantide". Sofort sind unsere Autos von Menschenmassen umringt. Kinder bieten eine Autowäsche an, alte Tuareg strecken Schwerter zum Kauf entgegen, coole Sonnenbrillenträger rufen uns Kaufangebote für unsere Peugeots zu. Wir flüchten ins Hotel. Die Zeit scheint seit meinem letzten Besuch vor zwei Jahren stehengeblieben zu sein. Der Kühlschrank ist immer noch ‚en panne', die Deckenventilatoren sind von Spinnennetzen umhüllt, und das Sofa hat immer noch nicht gelernt, auf drei Beinen zu stehen. Nur der Barkeeper ist neu. „Pernod? Pastis?" fragt er dienstfertig. Wir bestellen Cola und lassen uns müde in die riesigen, auseinanderbrechenden Kunstledersessel fallen.

Unten am Nigerfluß herrscht Hochbetrieb. Muskulöse, fast nackte Männer schleppen schwere Salzplatten vom Nigerufer zum nahe gelegenen Markt. Das Salz stammt aus *Taoudenni*, einer Salzmine im Norden Malis, und gelangt mit Karawanen nach *Timbuktu*, wo es auf Boote umgeladen wird. Das Mineral, ein Lebenselixier, galt seit jeher als besonders begehrtes Handelsgut. Es wurde in Westafrika – im wahrsten Sinne des Wortes – mit Gold und Menschen aufgewogen. Auf den Märkten der mittelalterlichen westafrikanischen Reiche tauschte man gegen eine Kamelladung Salz sechs bis sieben erwachsene Sklaven.

Der Markt ist auch heute noch die Seele von Gao. Alle nur denkbaren Waren werden angeboten. Gelbe Mangos, grüne Kochbananen, vor Fliegen schwarze Rinderkeulen und Hammelhälften, Fische aus dem Niger, Maniok, Reis, Hirse und leuchtende Gewürze, Schädel von Affen, Krokodilen und Schlangen, die, zu Pulver zerrieben, als Heilmittel dienen, Tuaregschmuck, Bastmatten der Bozofischer. Dazwischen immer wieder Stände, an denen große weiße Weizensäcke verkauft werden. Aufschrift: „Gift of the People of the United States of America. Not for sale or exchange."

Die westafrikanischen Königreiche belegen, wie arrogant und ignorant die immer wieder geäußerte Ansicht ist, Afrika sei ein Kontinent ohne Geschichte. Das Reich *Gana*, dessen Blüte ins 9. bis 11. Jahrhundert fiel, war berühmt für seine märchenhaften Reichtümer. Sein Prunk stand dem der chinesischen Kaiser und mittelalterlichen europäischen Herrscherhäuser in nichts nach. Morgens pflegte der König mit seinem Gefolge durch die Stadt zu reiten, angeführt von geschmückten Giraffen und Elefanten, denen die Höflinge folgten. Bei Audienzen standen zehn Leibwächter mit goldverzierten Schwertern und Schilden hinter dem Herrscher. Die Hunde trugen Halsbänder aus Gold und Silber, und sein Pferd war mit einer Seidenschnur an einen Goldklumpen von einer Tonne Gewicht gebunden.

Das Reich *Mali*, das dem heutigen bettelarmen Staat den Namen gegeben hat, hätte 200 Jahre vor Kolumbus beinahe Amerika entdeckt. Der Auftrag der Expeditionsflotte, die *Akubari II.* um 1300 losschickte, lautete, so lange nach Westen zu segeln, bis sie an neue Ufer stoßen würde. Keines der Schiffe kehrte zurück. Erfolgreicher war die legendäre Pilgerreise von König *Kankan Mussa* nach Mekka, die bis heute ihresgleichen sucht. Der Monarch reiste mit einem Hofstaat und Gefolge von 60 000 Mann. 500 Sklaven schleppten das mitgeführte Gold, wovon er in Mekka 20 000 Goldstücke als Almosen verteilte. Es hat 12 Jahre gedauert, bis sich der Goldmarkt von diesem Eingriff erholt hatte.

Heute ist die eigene Geschichte von kolonialer Geschichtsschreibung verschüttet. Wirtschaftlich gilt Schwarzafrika nur noch als Nullnummer. 1991 betrug der Anteil der 47 schwarzafrikanischen Staaten und seiner 500 Millionen Menschen gerade einmal ein Prozent am Welthandel.

Und wir machen das kleine Geschäft. Denn nun kommt die Stunde der Wahrheit für uns Amateur-Schieber. Wolfgang gelingt es, seinen Peugeot an einen Zollbeamten zu verkaufen. Aber auch der Besitzer des Campingplatzes (wo der Handel abgewikkelt wurde) verlangt 5 % Provision und läßt Wolfgang nach seiner Zahlungsverweigerung zur Polizei vorladen. Da hilft nur Flucht. Doch die Militärkontrolle am Ortsausgang beanstandet die überladenen Wagen. Erst nachdem wir wortlos einen 500-CFA-Schein auf den wackligen Tisch gelegt haben, öffnet sich die Schranke. Und selbst der Kapitän der kleinen Pontonfähre, ein Geschenk der Bundesrepublik Deutschland, erwartet mit gleicher Logik neben dem Fahrpreis auch ein Geschenk. Ein leerer Benzinkanister stellt ihn zufrieden.

Mit Überqueren des Nigers haben wir die Sahara endgültig verlassen und sind im *Sahel*, der sich als durchschnittlich 400 km breiter Streifen am Südrand der Sahara von der Rotmeerküste Äthiopiens 5500 km weit nach Mauretanien zieht, bevölkert von 50 Millionen Menschen.

Während unserer Saharafahrt haben wir uns an die Einöde und Leere gewöhnt. Nun übertreffen die Staubebenen des Sahel das bislang Erlebte. Es ist, als würde die glühende Sonne die Farben der Landschaft ausbleichen, und wie von Geisterhand treibt der Wind riesige Sandhosen am Horizont entlang. Alles Leben scheint erstarrt. Und die Dörfer bei *Hombori* schmiegen sich verzweifelt an die krakenartig in den Himmel ragenden Felsen, als wollten sie Schutz vor Hitze und Staub suchen.

Tuareg, Bororo, Mauren und Dutzende anderer Völker leben in diesem schmalen Streifen am Südrand der Sahara. Die Menschen, Tiere und Pflanzen sind im Sahel völlig von der kurzen sommerlichen Regenzeit abhängig. Fällt nur wenig oder gar kein Regen, überzieht Dürre das Land. Daß diese Dürren gerade in den letzten Jahrzehnten zu verheerenden Hungerkatastrophen führten, hat mit jenen menschlichen Eingriffen ins Ökosystem zu tun, die zur Ausbreitung der Wüsten führen. Die oft zu großen Herden der Nomaden lassen den Weidegebieten keine Chance, sich zu regenerieren. Ist die Grasnarbe erst einmal zerstört, werden Bäume gefällt, um den Tieren Blattnahrung zu liefern. Holz ist zudem die wichtigste Energiequelle Afrikas, und auch im Sahel werden viele Bäume verheizt.

Dieses verständliche, dem sensiblen Ökosystem des Sahel aber unangemessene Verhalten führt zu einer derartigen Schwächung der Vegetation, daß sie in Dürreperioden vollends abstirbt. Sonne und Wind haben nun leichtes Spiel. Auf Satellitenbildern sind riesige Staubwolken zu erkennen, die den wertvollen Humusboden wegtragen. Ein durch Trockenheit verkrusteter Boden kann zudem im Falle von Niederschlägen kaum Wasser aufnehmen. Es fließt ungenützt und mit zerstörerischer Kraft ab. So entstehen überall im Sahel – meist um Dörfer und Brunnen – wüstenhafte Inseln, die sich ständig ausdehnen und zu großen Wüstenflächen zusammenwachsen.

In *Mopti*, einem wichtigen Umschlagplatz am *Benue* (einem Nebenfluß des Niger), trennen sich unsere Wege. Es ist glühend heiß. Wolfgang, Walter und Robert wollen möglichst rasch nach *Bamako*, um in der Hauptstadt Malis den 504 zu verkaufen: Cash für den Heimflug nach Deutschland. Sebastian, Steffi und ich wollen nach Mauretanien und versuchen, durch das *Nigerbinnendelta* zu kommen.

Der Niger entspringt in den *Futa Djalon-Bergen* Guineas und durchfließt auf seinem 4200 km langen Weg nach Nigeria auch große Gebiete der Südsahara. Oberhalb von Timbuktu bildet Afrikas drittgrößter Strom ein 40 000 Quadratkilometer großes Binnendelta, ein Labyrinth aus Nebenarmen, Seen und Inseln von der Größe Baden-Württembergs. In der Regenzeit saugt es sich voll wie ein Schwamm, um in der Trockenzeit wieder trockenzufallen. Vielleicht haben wir Glück, die Regenzeit hat verspätet begonnen, das Delta könnte noch befahrbar sein.

Bis *Korientze* ist die Piste nach Norden befestigt. Dann teilt sie sich in mehrere Spuren, aber niemand kann uns zunächst sagen, welche sicher durchs Delta nach *Niafounke* führt. Endlich treffen wir einen alten Mann, der uns fast zwanzig Dörfer nennt, die wir der Reihe nach zu passieren hätten – Sebastian kritzelt sie nach Gehör auf eine Zigarettenschachtel, unser Reiseführer für die nächsten Tage.

Drei Tage lang hangeln wir uns von Dorf zu Dorf. Immer wieder stehen wir ratlos vor riesigen, schillernden Wasserflächen. Hin und wieder finden wir mit Hilfe der Einheimischen umständliche Umfahrungen, manchmal hilft nur Vollgas und durch. Meist bestehen die Dörfer nur aus wenigen Lehmhäusern und einer Moschee, von unbekannten Baumeistern aus Lehm modelliert – frei von der Tyrannei des rechten Winkels. Die Bewohner des Deltas, Ackerbauern und Fischer, sind ausgesprochen

hilfsbereit und liebenswürdig. Der Niger mit seinen regelmäßigen Wasserfluten beschert ihnen gute Ernten und macht das Delta zur Kornkammer Malis, eines Landes, das zu drei Vierteln aus Wüste besteht.

Oft müssen wir uns mit Ästen und den Sandblechen provisorische Brücken für unseren Peugeot bauen. Schieben und Entladen des Wagens ist unser stündlich Brot. Mehrmals versinken wir bis zu den Achsen im Schlamm und kommen nur mit der Muskelkraft der Schaulustigen (wir sind für sie eine Art Zirkus) aus dem Schlamassel.

Endlich erreichen wir den Nordrand des Deltas. Vor uns wälzt sich der Niger als breiter Strom durch die Wüste. Sein träges Wasser wechselt ständig die Farbe, mal Bleigrau, mal Lehmfarben, mit Grasbüscheln und schwimmenden Inseln durchsetzt.

Dort drüben – kaum zu erkennen – liegt *Niafounke*, signalisieren die Umstehenden. Und am Nachmittag kommt die Fähre. Der Kapitän ist sichtlich überrascht. Wir sind für ihn der erste Personenwagen, der durch das Delta gekommen ist. Ebenso ungewöhnlich ist der Fährpreis: „Jedes Auto zahlt 2500 CFA und gibt 10 Liter Benzin und 1 Liter Öl. Dies ist Gesetz in Mali."

Am späten Nachmittag sind wir in dem kleinen Ort *Nampala*, von dem eine Piste nach *Fasala Néré*, dem ersten Dorf in Mauretanien, führen soll. Auf die Frage nach der Piste wird uns immer nur eine Himmelsrichtung gezeigt. Entfernung: „Mit dem Kamel eine Tagesreise."

Bei Sonnenuntergang erreichen wir Fasala Néré. Auf der kleinen Zollhütte aus Lehm weht die Fahne der *Islamischen Republik Mauretanien*. In der Hütte selbst steht nichts als ein winziger Schreibtisch, der mit einer so dicken Staubschicht überzogen ist, daß man die Spuren jeden Käfers und jeder Kakerlake der letzten Wochen ausmachen kann. Schweigend nimmt der Beamte unsere Pässe, blättert sie Seite für Seite durch und stempelt die in Bonn ausgestellten Visa ab. Wir verlassen die Zollhütte, ohne ein Wort gewechselt zu haben.

Mauretanien gehört heute zu den ärmsten Ländern der Welt. Die Dürrekatastrophen der 70er und 80er Jahre und der *Polisario-Konflikt* um die Westsahara sicherten Mauretanien einen festen Stammplatz in der Gruppe der ärmsten Länder. Mauretanien stellt nicht nur geographisch und ökologisch, sondern auch historisch und kulturell einen Übergangsraum vom arabischen Nordafrika zum schwarzafrikanischen Süden dar. In Mauretanien treffen Menschen weißer und schwarzer Hautfarbe, nomadische Viehzüchter und seßhafte Bauern zusammen. Noch überwiegt der Anteil der Mauren im Land, doch verändern die hohen Geburtenzahlen im Süden das Verhältnis allmählich zugunsten der schwarzen Volksgruppen.

In der rigiden hierarchischen Sozialstruktur der maurischen Gesellschaft hatten die Schwarzen ihren festen Platz als Sklaven. In den Köpfen vieler Mauren sind die Nachkommen der ehemaligen Sklaven auch heute noch minderwertig und wirtschaftlich Abhängige.

In *Timbedgha* erreichen wir die 1100 km lange Asphaltstraße, die *Nema* im äußersten Südosten des Landes mit der Hauptstadt *Nouakchott* am Atlantik verbindet. Zunächst genießen wir den Gedanken, nun nicht mehr schaufeln und bangen zu müssen, spüren aber auch bald, daß wir die Landschaft viel oberflächlicher erleben. Auf den Sandpisten waren alle Sinne gefordert, auf der Teerstraße ertappe ich mich sogleich beim Kilometerzählen. Die Orte werden zu kurzen Zwischenstopps für Benzin und Getränke. Wir haben nur ein Ziel vor Augen: Nouakchott am Atlantischen Ozean.

An der Stelle, wo heute die Hauptstadt Nouakchott liegt, erstreckte sich in den fünfziger Jahren noch eine endlose Wüstensteppe, in der Schafe und Ziegen kümmerliche Nahrung fanden. Der erste Staatspräsident gründete die Stadt 1958 für 15 000 Bewohner. Heute leben 600 000 Menschen in Nouakchott. Die Dürre zu Beginn der siebziger Jahre hat die einstigen Nomaden in diesen Stadtmoloch getrieben und begründete einen Gürtel von Zelten und Baracken um Nouakchott.

Dies ist die Endstation unserer Reise. Wir suchen einen Käufer für unseren Peugeot, klappern Tankstellen und Taxiunternehmen ab. Doch der gebotene Preis ist meist lächerlich niedrig. Schließlich werden wir uns mit zwei Taxiunternehmern einig. Die beiden Brüder besitzen bereits 50 Peugeots, zwanzig stehen in Reih und Glied vor ihrem Büro. Sie akzeptieren auch die Zahlung in CFA-Franc, denn die mauretanische Währung *Uguija* ist nicht konvertibel.

Tag des Abschieds. Wehmütig räumen wir unser Auto aus. Ein harter Lebensabend als Buschtaxi steht ihm bevor. Wir werden in unserem Auto zum Flughafen gefahren, auf dem Dach steckt bereits ein Taxischild.

Die nächste Maschine nach Europa soll erst in zwei Tagen fliegen. Auf dem Rollfeld entdecken wir jedoch Passagiere, die einen spanischen Iberia-Airbus besteigen. „Kanarische Inseln", klärt uns der Zollbeamte über das Flugziel auf. Nun geht alles blitzschnell. Ticket, einchecken. Eine Stunde später landen wir auf *Gran Canaria*.

nur ein Achtel der Sahara sind Ergs, Dünenmeere

modelliert vom
Passatwind

eine Million Tuareg leben in der Sahara und im Sahel

Leben in der Wüste heißt vor allem überleben

auch heute noch sind Karawanen unterwegs

über 200 m hoch sind die Dünen des Erg Amguid

Tuareg auf dem Kamelmarkt in Agadez

Kamele sichern das Überleben in der Wüste

die Ténéré fordert ihre Opfer ...

High Tech-Schrott der Rallye Paris-Dakar in der Ténéré

Während der Mittagshitze ruht das Leben in Bilma

Hirse ist in vielen Teilen Afrikas das wichtigste Lebensmittel

Träume von El Hadj, Wirt in Agadez

das Angebot von Mustafa, Metzger in Nefta

Menschen, Tiere und Pflanzen haben gelernt, in der Wüste zu leben

bei den Tuareg verschleiern sich nur die Männer

Lavafüllungen ehemaliger Vulkane, Assekrem im Hoggar

die Ruinenstädte Djaba und Djado liegen inmitten...

der Felstürme am Westrand des Djado-Plateaus

die langhornigen Zeburinder sind die Lebensgrundlage der Bororo

eines der vielen Nomadenvölker im Sahel

dem Nil gelingt als einzigem Fluß die Durchquerung der Sahara

Schon Herodot nannte Ägypten ein Geschenk des Nils

die Säulenhalle von Karnak, eines der sieben Weltwunder

Mittagssonne im Horus-Tempel, Edfu

Imbißstand am Nilufer bei Assuan

ein Café aus Pappe, aber mit Fernseher

Tütenverkäufer im Sudan

ein Café in Grün, der Farbe des Propheten

Marktszene wie aus 1001 Nacht, Assuan

in islamischen Ländern bestimmen Männer das Straßenbild

Fellachenfamilie aus Nubien, Ägypten

Cafés sind ein Teil ägyptischer Lebenskultur

Auf dem Motorrad durch Ostafrika

Sanft setzt die Maschine auf der Landepiste des *Jomo-Kenyatta Airport* in Nairobi auf. Während Gregor, Kay und ich die Paßformalitäten erledigen, werden unsere Motorräder aus dem Frachtraum des Airbus geladen. Am Frachtterminal sollen wir sie abholen. Doch nichts geschieht – „Wait a moment!" ist die einzige Antwort. Nach drei Stunden machen wir uns ungeduldig selbst auf die Suche und entdecken die Maschinen auf dem Rollfeld.

„Can I help you?" Der Fremde in seinem zerschlissenen Trenchcoat, den viel zu großen Schuhen und der schlecht sitzenden Krawatte wirkt nicht gerade vertrauenerweckend.

„Ich heiße Nicolas und bin Zoll-Pusher. Gebt mir eine Stunde und 10 US-Dollar, und ihr haben eure Bikes." Das ist ein Wort. Und damit beginnt ein Hindernislauf kreuz und quer durch den Frachtterminal. Zielsicher steuert Nicolas scheinbar wahllos in der riesigen Halle verstreute Schreibtische an und erweckt die dahinter sitzenden Beamten mit ein paar Schillingen zum Leben.

Frisch aus bundesdeutschen Landen schockiert dieses Ritual. Aber der erhobene Zeigefinger weist in die falsche Richtung. Staatsschulden und die bekannten Zinsbelastungen zwingen die Länder Afrikas zur Unterbezahlung ihrer Staatsdiener und lassen zum Überleben keine andere Alternative als Schmiergelder. Nach 30 Schreibtischen und entsprechend vielen Stempeln dürfen wir unsere Geländemotorräder – ohne daß irgend jemand sie auch nur eines Blickes gewürdigt hätte – endlich vom Rollfeld holen. Doch auch der Schrankenwärter fordert noch seinen Tribut: „Pay me a lunch!" Nicolas drückt ihm einige Schillinge in die Hand, und der Weg ist frei. Wir fahren in die glühende Mittagshitze der *Athi-Steppe*.

Drei Monate Trans-Afrika-Tour liegen vor uns, zwei Monate durch Kenia und Tansania, von dort wollen wir mit drei BMW-Motorrädern (serienmäßige schwere Enduros, R100GS – für diejenigen, die sich auskennen) ins südliche Afrika. Zwei große Alu-Boxen sind an den Gepäckträgern befestigt, die stabilsten Träger, die in Deutsch-

land angeboten werden. Sogar TÜV-geprüft, aber das zählt nicht auf afrikanischen Pisten. Dort brachen sie wie Streichhölzer und mußten immer wieder geschweißt werden. Zugegeben: die Motorräder waren überladen. Vorräte, Werkzeug, Kochgeschirr, Ersatzteile, Reiseapotheke und ein Minimum an Kleidung füllten die Alukisten. In einem wasserdichten Seesack waren Zelt, Schlafsack und Isomatte untergebracht. Obenauf zwei Ersatzreifen, und irgendwo mußten auch die Reservekanister angebunden werden. Nicht zu vergessen der Tankrucksack, in dem Kameras, Objektive, Filme, Pässe, ein Teil des Bargeldes und Kartenmaterial verstaut sind – der Tresor sozusagen. Beladen wogen die Enduros über 300 Kilo, eine ‚kritische' Masse, die beim Rangieren und in schwierigem Gelände nur schwer zu bewegen ist. Und im Fall eines Sturzes kann man die Maschine nicht aus eigener Kraft wiederaufrichten. Fahren in der Gruppe ist ein Gebot der Vernunft.

Nach 300 Kilometern Asphalt verkündet ein rostiges Schild am Ortseingang: „Isiolo – Tor zum Norden". In diesem staubigen Nest endet die Teerstraße. Die Piste weiter in den Norden gilt als unsicher. Die Bürgerkriege im Südsudan und in Somalia haben Zehntausende Menschen in die Flüchtlingslager im Norden Kenias getrieben. Raubüberfälle als Überlebensstrategie sind so häufig geworden, daß die Behörden Konvoipflicht einführten.

Die Polizeistation verspricht die verläßlichste Quelle für Sicherheitsprognosen zu sein. In einem abgedunkelten Raum des kasernenartigen Geländes finden wir schließlich einen Polizisten, der mit dem Kopf auf dem Schreibtisch seinen Mittagsschlaf hält. Selbst lautstarkes Räuspern erweckt ihn nicht zum Leben. Als wir ihn an der Schulter rütteln, schreckt er auf, greift blitzschnell zu seinem Pistolenhalfter und merkt erst in letzter Sekunde, daß es sich nicht um einen Überfall handelt.

„Sorry, wie sicher ist derzeit die Piste nach Marsabit?" frage ich höflich. „Sehr sicher!" antwortet er schlaftrunken, und nach ein paar Sekunden Bedenkzeit fügt er hinzu: „Aber schließen Sie sich unbedingt einem bewaffneten Konvoi an." Die Auskünfte der Lastwagenfahrer schwanken von „Don't go!" bis „No problem!" – „God is great!" rufen uns zwei italienische Nonnen zu und lenken ihren klapprigen Landrover unbekümmert nach Norden. Sie müssen es wissen! Wir folgen ihnen, geben aber schon nach ein paar Kilometern auf. Die Gottesdienerinnen sind zu schnell und verschwinden mit einer Staubwolke am Horizont.

Nach 30 Kilometern: *Archer's Post.* Nicht nur der Name erinnert an den Wilden Westen. Die bunten *Dukas*, kleine, chaotisch sortierte Krämerläden, wirken mit ihren Vordächern wie eine Kulisse für Bonanza. Statt Cowboys lehnen *Samburu*-Nomaden an den Türpfosten, ihre dünnen, hochgewachsenen Körper in die typisch leuchtend roten Tücher geschlungen, den Speer fest im Griff. Gestützt auf ihre Waffe, stehen manche wie Störche auf einem Bein. Ihre Ohren tragen schwer an buntem Perlenschmuck, nur ihre billigen Armbanduhren am Handgelenk erinnern an das 20. Jahrhundert. Das Angebot der Läden orientiert sich an den bescheidenen Bedürfnissen der Nomaden. Kautabak, Zucker, Streichhölzer, Batterien, Seife, Petroleumlampen, Brennstoff und rote Stoffbahnen bilden das Kernsortiment. Beim Kauf von Seife erkundigen wir uns bei dem alten Eigentümer nach Banditen. Der Alte lacht ein zahnloses Lachen, und holt unter dem Verkaufstresen einen alten Vorderlader hervor.

An den Maschinen erwarten uns schon drei Soldaten mit lässig umgehängten deutschen G3-Gewehren. Wir vermuten Schlimmes, doch das Trio will nur eine Mitfahrgelegenheit nach *Marsabit.* Ungelenk steigen sie auf und klammern sich schweigsam an unseren Endurojacken fest. Nun sind wir wirklich überladen. Die Schlaglöcher und Wellblechpassagen der schnurgeraden Piste zur *Matthew's Range* zwingen uns zum Schrittempo. Ab und zu tauchen neben der Piste Samburu-Nomaden auf, von Banditen jedoch weit und breit keine Spur. Erst hinter einem kleinen Paß bitten unsere Mitfahrer um eine Zigarettenpause, wirken plötzlich erleichtert. „Auf dem Paß bin ich schon dreimal überfallen worden", lacht Hassan. „Aber von hier nach Norden ist die Strecke sicher."

Mit jedem Kilometer wird die Vegetation spärlicher, die Dornbuschsavanne geht langsam in trostlose Halbwüste über. Mit dem Verschwinden der letzten Vegetationsspuren ist die *Kaisut Desert* erreicht. Flimmernd steht die Luft über der schwarzen Lava-

wüste, und die Horizontlinie ist durch die Luftspiegelungen kaum auszumachen. Im Norden tanzt ein gewaltiger Berg auf den heißen Luftschichten. *„Marsabit Mountain"*, bricht es aus Hassan in einem Ton hervor, als habe er das Paradies entdeckt.

Eine Fahrstunde später erklimmen wir die steilen Flanken der Marsabit Mountains. Mit jedem Höhenmeter nimmt die Vegetation zu, bis schließlich dichter, noch regennasser Nebelwald die steilen Hänge überzieht. Regenreiche Wolken bleiben am Gebirgsmassiv hängen und ergießen ihre Wasserfracht über diese Insel der Seligen. Die Kaisut-Wüste erscheint uns nur noch wie ein böser Traum, dies hier wie aus einem Afrika-Bilderbuch. Kreischende Affen turnen über uns hinweg, fotogen hängen riesige Schlingpflanzen von moosbewachsenen Bäumen, stürzen sich klare Bergbäche über schwindelerregende Felsabbrüche. Und wie bestellt tauchen Elefanten mit ihren gigantischen Stoßzähnen in den Waldlichtungen neben der Straße auf.

Viele der 15 000 Einwohner von Marsabit, dem Verwaltungszentrum im „Wilden Norden" Kenias, sind Nomaden der *Boran*, *Rendille* und *Gabbra.* Sie haben in Dürrezeiten ihr Vieh verloren und sich hier niedergelassen, denn der Marktflecken ist schon seit Jahrzehnten ein Stützpunkt internationaler Hilfsprogramme. Auch der Bürgerkrieg in Somalia hat Hunderte von Somali hierher verschlagen.

Die wenigen mehrstöckigen Häuser, die Geschäftsarkaden, eine Tankstelle und das ‚Highway Hotel' lassen Marsabit für afrikanische Verhältnisse schon städtisch wirken. Die als besonders geschäftstüchtig geltenden Somali führen in ihren kleinen Läden Waren, die sie aus Nairobi herangeschafft haben und die im Umkreis von vielen hundert Kilomtern nicht erhältlich sind. Selbst ein Videoverleih ist unter den Arkaden zu finden. Auf dem Markt hingegen deutet wenig auf unser Jahrhundert hin. In bunte Tücher gehüllte Frauen hocken vor kunstvoll zu kleinen Türmen aufgeschichteten Mangos und Tomaten, ausgemergelte Gabbra-Nomaden bieten grellweiße Salzplatten aus der *Chalbi-Wüste* feil.

In einer Autowerkstatt, in der wieder mal unsere Gepäckträger geschweißt werden, spricht uns ein Junge an, der eine Mitfahrgelegenheit nach *North Horr* sucht, unser nächstes Etappenziel. Dort gibt's eine Missionsschule. „Wenn ich zum Schulbeginn nicht erscheine, verfällt der Platz." Ist es wieder eine der vielen wahren oder erlogenen Geschichten, die uns Weißen (wir gelten als Millionäre – und verglichen mit ihrem Einkommen sind wir es auch) in Afrika vorgetragen werden? Wann ist Schulbeginn? „Morgen, für den Lkw habe ich kein Geld mehr, es ist alles für Schulmaterial ausgegeben." Der Bub präsentiert uns sogar die offizielle Aufnahmebestätigung. Da hilft keine Ausrede, der Junge muß mit. Auch Sode, ein Boran-Führer aus Marsabit, wird uns begleiten.

Steil führt die Piste aus dem immergrünen Regenwald der Marsabit-Mountains zurück in die Lavawüste. Die Nebelwälder gehen in Buschwerk, dann in Vollwüste über. 40 Grad Celsius im Schatten. Die steinige, von Felsstufen durchsetzte Piste zwingt zur Schrittgeschwindigkeit, und ohne Fahrtwind wird Motorradfahren hier zur unerträglichen Strapaze. Nichts ist der Wirklichkeit fremder als die Vorstellungen vom ‚Easy Rider', der im T-Shirt und mit wehenden Haaren ohne Helm unentdeckte Highways entlangbraust. Ich würde mir am liebsten den schweren Vollvisierhelm vom Kopf reißen, auch die steife Endurojacke wird zur Qual. Aber Helm und Schutzkleidung, Knieschützer, Handschuhe, Rückenwirbelschutz sind nicht nur auf deutschen Autobahnen ein Muß. Selbst leichtere Sturzverletzungen könnten hier in der Chalbi-Wüste verheerende Folgen haben. Das nächste Krankenhaus ist Tage entfernt, und auch wenn man es erreicht, kann von Versorgung noch keine Rede sein.

In solchen Situationen habe ich mir immer einen Jeep herbeigewünscht. Afrika ist kein idealer Kontinent für Motorradreisen. Die Straßen sind zu schlecht, das Tankstellennetz zu dünn, die notwendige

Gepäckmenge zu groß. Aber sich am Morgen auf die Maschine zu schwingen und den kühlen Fahrtwind zu spüren ist ein unbeschreiblich schönes Gefühl. Man riecht, fühlt, erlebt die Landschaft, die man durchfährt, viel unmittelbarer als im womöglich klimatisierten Auto. Das Motorrad schafft auch schnell Kontakte, denn in unseren modernen Ritterrüstungen wirken wir auf die Afrikaner offensichtlich wie Außerirdische und wecken entsprechende Neugierde und Interesse.

Wir können nur von Glück reden, daß wir unsere Mitfahrer auf dem Rücksitz haben. Ohne Sode wären wir in dieser Wüste verloren. Ständig verzweigen sich die Pisten, und Umwege können wir uns wegen der knapp kalkulierten Benzinvorräte nicht leisten. Unvermittelt stoßen wir auf eine kleine Siedlung seßhaft gewordener Gabbra, die von der Salzgewinnung in der nahen Chalbi Desert leben. Vor einer Lehmhütte sitzen drei Männer auf einer Holzbank, die dürren Körper auf hölzerne Stöcke gestützt. Opfer der ‚Geißel Afrikas'. Sie sind blind, ihre trüben Augen vom Trachom zerfressen, einer in Afrika weitverbreiteten Viruskrankheit, die mit nur wenig Geld heilbar wäre. Aber das fehlt.

Bald geht die Lavawüste in die Salzebenen der Chalbi-Wüste über, der Boden eines ehemaligen Sees. Eine kaum noch zu erkennende Spur führt schnurgerade durch die Salzwüste, in der wir mit unseren Rädern gewaltige Staubwolken erzeugen. Die endlosen Salzflächen nehmen jedes Gefühl für Geschwindigkeit, und immer wieder erschrecke ich beim Blick auf den Tacho. 150 km/h! Läge die Chalbi-Wüste in den USA, würden hier verrückte Bikies längst Highspeed-Rennen für Motorräder austragen.

Also langsamer. Wir fahren und fahren, die Landschaft bleibt ewig die gleiche. Stundenlang kein Dorf, eine schnurgerade Piste, keine Wolke am Himmel. Viel zu langsam springt der Kilometerzähler um eine Zahl weiter. Motorradfahren kann verdammt langweilig sein, auch in Afrika.

Nach endloser Fahrt tauchen im Nordosten sanft geschwungene Dünen auf. Der heiße Passat treibt den aufgewirbelten Sand in Bodennähe vor sich her und läßt ihre Konturen verschwimmen. Wie Felsen in der Brandung stehen die igluartigen Hütten der Boran zwischen den Dünen und bilden einen Belagerungsring um die Oase North Horr. Kein Mensch ist im Freien zu sehen, selbst die sonst so hochmütig dreinblickenden Kamele stecken die Köpfe zusammen.

„Wenn es die Mission in North Horr nicht gäbe, wären hier längst alle tot", schreit mir Sode gegen den Fahrtwind ins Ohr. Die Mission wird von dem deutschen Pater Richard geleitet. Von ihm erhalten die Boran ihre wöchentlichen Hirserationen, denn die von Dürrekatastrophen dezimierten Ziegenherden können sie nicht mehr ernähren. Derartige Nahrungsnothilfe rettet Leben, ist aber auch umstritten. Sie degradiert die Nomaden nicht nur zu Almosenempfängern, sie hat auch verheerende ökologische Folgen. Die Herden der Nomaden, die sich in die Umgebung der Food-Relief-Stationen niedergelassen haben, fressen die dürren Weiden kahl, zuletzt wird selbst das Laub der Bäume verfüttert. Aufgrund fehlender Brennstoffalternativen wird der Baumbestand durch Brennholzeinschlag unwiederbringlich zerstört.

Ohne Missionsstationen wie North Horr würde die Versorgung vieler ländlicher Gebiete in Afrika mit Krankenhäusern und Schulen zusammenbrechen.

Aber die Erblasten der Missionierung Afrikas behindern auch und lassen sich nur schwer abschütteln. Zusammen mit den Entdeckern und Händlern bereiteten die Missionare den Weg für die koloniale Durchdringung und Ausbeutung des schwarzen Kontinents. Sie predigten die Überlegenheit des Christentums und trugen entscheidend dazu bei, den Afrikanern ihre Identität zu rauben. Seit Mitte des 19. Jahrhunderts die ersten Missionare in Ostafrika landeten, wurden die Afrikaner von einer Vielzahl von christlichen Kirchen und Sekten überrannt: Katholiken, Protestanten,

Quäker, Anglikaner, Adventisten. Allein in Kenia gibt es heute 3000 Missionsstationen, in Zaire sogar 5000.

Kein Wunder also, daß biblische Namen wie Joseph, Magdalena oder Jonathan so häufig sind; die größte Religionsgruppe Afrikas sind Christen, 40 % der Afrikaner sind getauft. Nur ein Drittel folgen noch afrikanischen Religionen, etwa 25–30 % sind Muslime. In Kenia sind sogar 60 % der Bevölkerung missioniert. Und der Glaube sitzt tief. Jeder, der einmal einen Gottesdienst in Afrika erlebt hat, weiß, welch intensives, ja rührendes Verhältnis viele Afrikaner zu Gott haben. Der Papst fliegt nicht umsonst so oft nach Afrika, nirgendwo umjubeln ihn größere Menschenmassen.

Gott sei Dank haben sich die Missionare gewandelt, nur noch selten sind es weltfremde Gotteseiferer. Die afrikanischen Kirchen spielen im Kampf gegen die Diktaturen zunehmend eine progressive Rolle, Kenias mutiger Bischof Muge mußte dafür sterben. Auch Pater Richard (ein Bayer, fünfzig Jahre alt und verheiratet) weiß, daß die Menschen in North Horr mehr brauchen als die sonntägliche Predigt in der modernen Missionskirche. Neben diversen Schulen und der Nahrungsnothilfe für die Nomaden betreibt der pragmatische Gottesdiener auch ein Krankenhaus und Werkstätten.

Nach unserem Ausflug in die moderne Religionsgeschichte Afrikas verlassen wir auch North Horr. Der *Lake Turkana* mit seinen schier endlosen jadegrünen Wasserflächen lockt. Per Kamel ist es eine Tagesreise, auf dem Motorrad gerade mal zwei Stunden. Der Turkanasee ist ein Teil des Großen Afrikanischen Grabens, der sich vom Jordantal in Israel über das Rote Meer, quer durch Äthiopien und Ostafrika bis hinunter nach Mosambik zieht. An dieser Nahtstelle der Erdkruste treiben seit 18 Millionen Jahren zwei Kontinentalplatten mit einer Geschwindigkeit von 2 cm im Jahr auseinander. Das Rote Meer reißt zu einem neuen Ozean auf, das Horn von Afrika wird in 200 Millionen Jahren eine Insel sein.

Der häufig als Jademeer apostrophierte abflußlose See hat seine intensive Grünfärbung dem hohen Sodagehalt zu verdanken, der zu starkem Algenwachstum führt. *Loyangalani*, zu deutsch „Ort der vielen Bäume", ist die touristische Drehscheibe des Turkanasees. 1958 wurde dort die erste Lodge Nordkenias gebaut. Zunächst waren es nur Sportfischer, die wegen der gewaltigen Nilbarsche hierherkamen, heute kommen die Touristen vor allem der Safari wegen und landen mit Chartermaschinen auf dem hoteleigenen Airstrip, um eine Nacht in der luxuriösen Oasis-Lodge zu verbringen. Eisentore, Zäune und Wachpersonal sorgen dafür, daß man auf dem künstlich bewässerten Grün der Rasenflächen und am Swimmingpool weder wilden Tieren noch Dorfbewohnern begegnet. Der See lädt zum Baden ein. Im stark laugenhaltigen Wasser gibt es zwar keine Bilharziose, aber Krokodile. Hier lebt die größte Krokodilpopulation Afrikas. Da wird das Badevergnügen zum russischen Roulett.

Also statt Badehose wieder hinein in die schwitzigen Enduroklamotten. Von *Loyangalani* folgen wir der Uferlinie zunächst ein paar Kilometer nach Süden, dann verläßt die Schotterpiste das Seeufer und klettert die erste Steilstufe des Grabenbruchs hinauf. Kurz vor *South Horr* queren plötzlich drei Geparde unseren Weg. Doch bevor meine Kamera ‚schußbereit' ist, sind die superschnellen Raubkatzen mit ihrem unnachahmlich wiegenden Gang auch schon hinter ein paar Dornbüschen verschwunden.

Südlich von *Baragoi* erwartet uns eine zweite Steilstufe des Grabenbruchs. Innerhalb kurzer Zeit fallen die Temperaturen von 40 auf 15 Grad Celsius. Auch die Vegetation ändert sich schlagartig, immergrüne Nadelwälder bedecken die über 2000 Meter hohen Bergketten. Wir sind in den *Highlands.* Dichter Nebel reduziert die Sicht bis auf wenige Meter und zwingt uns zu einer Pause. Frierend sitzen wir zwischen den Motorrädern und schlürfen heißen Tee. Plötzlich zischt eine zwei Meter lange schwarze Schlange mitten durch unsere Teezeremonie. Jeder stürzt panisch in irgendeine Richtung, das Kochgeschirr fliegt durcheinander. Wie die Kaninchen starren wir auf die neben unserem Lager lauernde Schlange und ziehen uns zur Piste zurück.

Ein Lastwagen löst unsere Starre. Er bremst, auch die Männer des Trucks haben die Schlange entdeckt, springen heraus, greifen sich Steinbrocken und rücken – wie eine Eliteeinheit der kenianischen Streitkräfte – gegen die schwarze Schlange vor und steinigen sie mit haßerfüllten Mienen zu Tode. „Schwarze Mamba!" zischt einer der Männer. „Da gibt es keine Rettung. Ein paar Schritte noch, dann ..." Vielsagendes Schweigen. Es dauert eine Stunde, bevor

sich unsere Aufregung gelegt hat. Nur die Statistik beruhigt: Die Gefahr, bei einer Ostafrikareise von einer Schlange gebissen zu werden, ist minimal. Vorausgesetzt, man hat gutes Schuhwerk und offene Augen.

Wir erreichen *Maralal,* die Provinzhauptstadt des *Samburu-Distrikts.* Die touristische Hauptattraktion der Region ist der Samburu-Nationalpark. Er bietet zwar nicht die Tierdichte, ist aber auch nicht so überlaufen wie die bekannteren Parks im Süden Kenias. Wir sind von unseren Motorrädern auf einen Mietjeep umgestiegen. Motorräder sind in allen Nationalparks Afrikas aus Sicherheitsgründen verboten.

Nach einem kalten Drink in der ‚Buffalo Springs Lodge', wo man vom Liegestuhl aus das ebenso faule wie riesige Hauskrokodil beobachten kann, machen wir uns wieder auf, zurück in die echte Wildnis. Denn 75 US-Dollar pro Bett können wir uns nicht leisten. Begleitet von zwei bewaffneten Rangern schlagen wir ausgerechnet in der Nähe einer Wasserstelle unser Lager auf. Nur eine dünne Zeltbahn trennt uns von den Gefahren der Nacht. Ein großes Feuer soll Raubtiere abhalten. „Laßt auf keinen Fall das Zelt offen", warnen uns die Ranger und erzählen uns (quasi als Gute-Nacht-Geschichte) von einem Weißen, dessen Fuß nur deshalb von einem Löwen abgerissen wurde, weil er ihn aus dem Zelt hängen ließ. Eine jener wunderschönen Gruselgeschichten aus dem Dunstkreis von Yuccapalme und Vogelspinne. Als wir am Morgen – mit heilen Füßen – aufwachen, ist das Feuer längst niedergebrannt, die Ranger schlafen tief, und die Gewehre lehnen am Baum.

Im Morgengrauen hebt sich am Südhorizont die charakteristische Silhouette des *Mount Kenya* gegen den Horizont ab. Ähnlich wie die Marsabit Mountains ist auch der Mt. Kenya ein topographischer Glücksfall für die Region. Gemäßigte Temperaturen, hohe Niederschläge und guter vulkanischer Boden machen den 80 Kilometer breiten Sockelbereich zur fruchtbarsten Region des Landes. Für die am Fuß des Vulkanmassivs lebenden *Kikuyu* ist der „Weiße Berg" der Wohnsitz ihres Gottes *Ngai.* Die Europäer machten in ihrem Unverständnis der Sprache aus *Kirinyaga* einfach Mt. Kenya.

Von *Naro Moru* führt eine gute Piste zur meteorologischen Station auf 3048 Meter Höhe, unserem Basislager. Wir wollen hinauf auf den Gipfel. Mit Regen hatten wir allerdings nicht gerechnet. Nächtliche Wolkenbrüche überschwemmen unsere achtlos am Hang aufgebauten Zelte. Als wir uns am nächsten Morgen völlig durchnäßt und durchfroren auf den Weg machen, gießt es immer noch. Oberhalb der Baumgrenze, nachdem wir das Dickicht aus moosbewachsenen *Kosobäumen* und Johanniskrautgewächsen verlassen haben, beginnt es zu schneien. Alles, was man hier oben endeckt, beginnt mit ‚Riesen': Riesenlobelien, Riesenerika, Riesenjohanniskraut und Riesenkreuzkräuter – Gewächse der sogenannten afroalpinen Vegetation, die auch in den Hochlagen des *Kilimanjaros* und *Ruwenzoris* zu finden sind. Viele dieser Pflanzen kommen endemisch nur in diesem ‚Galapagos der Botanik' vor.

Nach dem Schneefall bricht unvermittelt die Sonne durch die Wolken, und dem nächtlichen Winter folgt für ein paar Stunden Tropenhitze. An solchen Tagen müssen die Pflanzen Temperaturunterschiede von bis zu 50 Grad verkraften. Die bizarren Riesenlobelien versuchen ihre nachts geschlossenen Blüten mit einem Sekret (das in Verbindung mit Wasser zu einer Art Frostschutzmittel wird) gegen die nächtliche Kälte zu schützen. Diese Anpassung an die extremen Temperaturen ist eine der vielen möglichen Erklärungen für den Pflanzengigantismus. Hätte der Luftraum in der Nachtknospe nicht soviel Volumen und wären die Blätter nicht so robust, wäre die Isolationswirkung geringer.

Gegen Mittag erreichen wir die Tileki-Hütte, deren Wirt uns rät, erst am nächsten Tag weiter aufzusteigen. Sechs Menschen starben hier im letzten Jahr an der gefürchteten Höhenkrankheit. Sie kündigt sich durch Übelkeit und Kopfschmerzen an – dann hilft nur schneller Abstieg, denn in Höhenlagen über 4000 Metern kann Sauerstoffmangel zu Hirn- und Lungenödemen bis hin zum Tod führen. Beste Vorbeugung ist eine langsame Anpassung an die Höhe.

Um vier Uhr früh brechen wir mit Taschenlampen zum *Lenana-Gipfelgrat* auf. Der abnehmende Mond wirft ein fahles Licht auf den nahen *Lewis-Gletscher* und die über 5000 Meter hohen kristallinen Felstürme: Magmafüllungen eines längst erloschenen Vulkans. Kurz vor Sonnenaufgang erreichen wir völlig erschöpft den steilen, verschneiten Grat, über den der Aufstieg zum Lenana-Gipfel führt. Pochende

Kopfschmerzen und Schwindelgefühl zwingen uns immer wieder zu längeren Pausen. Wir bewegen uns wie Roboter und benötigen dreieinhalb Stunden bis zum 4986 Meter hohen Gipfel des Lenana. Nur vierzehn Meter fehlen ihm (und uns) bis zum Fünftausender! Der Blick ist atemberaubend. Im Nordwesten türmen sich erste Cumuluswolken über den *Aberdares Mountains*, im Süden glitzert die Schneekappe des 300 Kilometer entfernten Kilimanjaro. Unter uns mündet der Lewis-Gletscher in den smaragdgrünen Lewis-See.

Dies ist kein Ort für ein beschauliches Sonnenbad, der eisige Wind treibt uns nach wenigen Gipfelminuten wieder hinunter. In einem Gewaltmarsch kehren wir zurück zu der auf 3050 Meter Höhe gelegenen Metereologenstation, wo wir unsere Motorräder zurückgelassen haben.

Noch am Abend fahren wir zurück ins *Rift Valley* (Teil des Großen Afrikanischen Grabenbruchs), zum *Lake Nakuru.* Dieser See bildet zusammen mit dem *Lake Turkana, Lake Baringo, Lake Bogoria* und *Lake Naivasha* eine Seenkette, die in Kenia den Verlauf des Rift Valleys markiert.

Unser Nachtlager schlagen wir trotz der Moskitoschwärme in Ufernähe auf. Bis die Kuppelzelte aufgebaut, die Motorräder durchgecheckt sind und das Abendessen gekocht ist, vergeht in der Regel eine Stunde. Erst dann können wir uns vor den Moskitos ins Zelt flüchten. Am anderen Morgen entpuppen sich die vermeintlichen Felsen im Wasser als Rücken gewaltiger Hippos. Flamingos gleiten mit wenigen Flügelschlägen im Tiefflug über ihre massigen Körper. Bis in die 80er Jahre verwandelten nahezu eine Million Flamingos den See in ein rosa Meer. Der durch das vulkanische Gestein bedingte hohe Sodagehalt des Wassers ist idealer Nährboden für die blaugrünen Algen, von denen sich die Flamingos ernähren. Mit ihrem Schnabel filtern sie die Algen aus dem auch für sie schädlichen Sodawasser. Doch der See stirbt. Die seit Jahren eingeleiteten Industrieabwässer von *Nakuru* führten zu hohen Schwermetallkonzentrationen, Sauerstoffmangel und zu einem katastrophalen Fischsterben und vertrieben auch viele der eleganten Stelzenvögel.

Auf dem Weg zum *Lake Naivasha* begegnet uns ein Geflügelhändler, an dessen Motorrad mindestens einhundert lebende Hühner baumeln. Wir sind also nicht die einzigen überladenen Bikefahrer. „Do you want a chicken?“ Die armen Viecher machen einen Höllenlärm und Verständigung ist kaum möglich. Nein – aber wir suchen eine Werkstatt (wieder einmal ein gebrochener Gepäckträger). „Mein Freund hat eine BMW-Werkstatt“ ruft er begeistert und startet durch: „Folgt mir!“

Nach wenigen Kilometern biegt der Hühnerhändler auf eine Nebenpiste und beschwört uns mit vagen Entfernungsangaben: „Only one mile!“ Eine halbe Stunde später erreichen wir tatsächlich eine weiß getünchte Steinhütte, auf der in ungelenken Strichen drei Buchstaben gemalt sind: BMW. Aber mit einer Vertragswerkstatt hat der Schuppen nichts zu tun, ein paar krumme Schraubenschlüssel und ein Schweißgerät, das war's. Der Werkstattbesitzer erweist sich als genialer Mechaniker, demontiert in Rekordzeit die Gepäckträger und schweißt sie nach allen Regeln der Kunst wieder zusammen.

Der Lake Naivasha ist einer der wenigen Süßwasserseen des Rift Valley. In den 20er und 30er Jahren landeten hier die großen Wasserflugzeuge, die Großbritannien mit Britisch Ostafrika verbanden. Der fruchtbare Landstrich, Kenias ‚Kornkammer', wurde gleich zu Beginn der Kolonialisierung Ostafrikas von weißen Farmern in Besitz genommen. Die reichen vulkanischen Böden, gute Bewässerungsmöglichkeiten und die Nähe zu Nairobi machen dieses Land auch heute noch zu einem der wichtigsten Gebiete der *White Highlands*, der Siedlungsräume der weißen Farmer.

Die Blumenfarmen am Lake Naivasha zeugen von dem Versuch Kenias, durch den Export von Schnittblumen und Blumensamen die Abhängigkeit vom Kaffee-Export zu verringern, doch nach wie vor ist Kaffee nach dem Tourismus Kenias größter Devisenbringer. Die Produktion sogenannter *cash crops* für den Export schränkt zwangsläufig die Nahrungsmittelproduktion für den heimischen Markt ein. 10 bis 15 Millionen Hektar Land werden in Afrika für den Anbau von Exporterzeugnissen genutzt. Auf dieser Fläche könnten knapp zehn Millionen Tonnen Hirse produziert werden – das entspricht in etwa der Getreidemenge, die Schwarzafrika in den 80er Jahren durchschnittlich importieren mußte.

Gleichzeitig haben diese meist von den ehemaligen Kolonialherren geschaffenen Monostrukturen (in Afrika wird kaum Kaf-

fee getrunken) viele schwarzafrikanische Länder in eine neue ruinöse Abhängigkeit gebracht. So gingen 1990 mit dem Verfall der Kaffeepreise die Deviseneinnahmen vieler Länder drastisch zurück. Im Fall von Burundi um 50 %! Wir Europäer reden viel von unserer Hilfe für Afrika. Aber helfen wir wirklich? Daß wir für die jahrhundertelange koloniale Ausbeutung des Kontinents keine Reparationskosten zahlen, ist nur eine Seite der Medaille. Afrika braucht weder Almosen noch Entwicklungshilfe sondern einfach nur faire Marktpreise, eine neue, gerechte Weltwirtschaftsordnung.

Ökonomen haben errechnet, daß Schwarzafrika in den 80er Jahren durch den Verfall der Rohstoffpreise (auch der Weltmarktpreis für Kakao, Sisal und Baumwolle ging drastisch zurück) Einnahmeverluste von 150 Milliarden Dollar hinnehmen mußte (und weiter muß). Das ist wesentlich mehr, als im gleichen Zeitraum in Form von Entwicklungshilfe, Privatinvestitionen und Krediten nach Schwarzafrika geflossen ist. Selbst der deutsche Fiskus verdient prozentual durch Steuern mehr am Kaffee, als die Kaffeebauern an Lohn erhalten. Im Fall von Tansania sogar fünfmal soviel!

Wir sind auf dem Weg nach *Nairobi.* Kenias Hauptstadt kündigt sich mit einer schnurgeraden, vierspurigen Schnellstraße durch chaotische Vororte an. Eine Betonmauer auf dem Mittelstreifen, die auch als Kinderspielplatz dient, kanalisiert den Verkehr nur notdürftig in zwei Fahrtrichtungen, liegengebliebene Autos blockieren die Fahrbahn. Kleinbauern mit kunstvoll aufgehäuften Türmen von Obst und Gemüse warten am Straßenrand auf Kunden, ein Junge hält drei kleine Hasen in den Fahrtwind der vorbeirauschenden Autos. Die Phantasie und das Durchhaltevermögen der Afrikaner scheinen grenzenlos und sichern dem Kontinent das Überleben.

Auf den schweren Geländemaschinen kämpfen wir uns durch den Linksverkehr, geraten in die Strudel riesiger *Roundabouts*, die uns nach Belieben wieder ausspucken. Nur der schrille Pfiff eines Polizisten bringt die Blechlawine zuweilen zum Halten, gibt den Fußgängerströmen eine kurze Chance. Stadtmenschen: Banker und Beamte im Anzug, Entwicklungshelfer, Bettler, stadtfremde Nomaden, Taschendiebe.

Als britische Ingenieure 1896 am *Nairobi River* eine kleine Versorgungsstation für den

Eisenbahnbau anlegten, ahnten sie nicht, daß sich daraus in weniger als hundert Jahren Afrikas mächtigste Metropole zwischen Kairo und dem Kap entwickeln würde. Hotels, Banken, Botschaften, Versicherungen, die Pferderennbahn der Upper Class, ein Casino, Golfplätze: Nairobis Anspruch als internationales Konferenz- und Verwaltungszentrum ist in eine unübersehbar westliche Skyline gegossen.

Völlig erschöpft erreichen wir das ‚Hotel Embassy' in der Market Road. Erst als der indische Besitzer einen *Askari* für die Bewachung unserer Motorräder engagiert, lassen wir uns auf die durchgelegenen Betten fallen und schlafen augenblicklich ein. Wir wachen erst wieder auf, als die Sonne bereits hinter den *Ngong Hills* versinkt.

Stinkende Omnibusse und *Matatus* bringen die Pendler in die grauen Vorstädte. *Nairobi Downtown* gehört nun den Wachmännern, Dieben, Prostituierten, Touristen und Taxifahrern. Vor fast jedem Geschäft sitzt ein *Askari*, der für nur 30 DM Monatslohn Wache schiebt, die Dienstmütze weit ins Gesicht gezogen, den Schlagstock fest im Griff. Vor ihnen liegen 12 Stunden Kampf gegen Müdigkeit und Kälte, die auch die kleinen Papierfeuer nicht mildern können. Ist die Lücke zwischen zwei Askaris groß genug, haben Frauen und Kinder auf dem Bürgersteig ihr Nachtlager ausgebreitet und bereiten auf kleinen Feuern Hirsebrei zu. In den Städten Afrikas ist das Elend noch größer als auf dem Land, denn mit dem Zuzug in die Stadt zerfällt oftmals das soziale Netz der afrikanischen Großfamilie. Alleinstehenden Müttern und ihren Kindern bleibt oft nur das Leben auf der Straße und keine andere Alternative, als bettelnd und stehlend durch die Innenstadt zu streunen.

In einem kleinen indischen Imbiß bestellen wir *Samoza-Gebäck* und Coca Cola. Hochgewachsene Männer in langen weißen Mänteln servieren den wenigen Gästen das Essen. Der indische Chef sitzt hinter einer modernen Registrierkasse und überwacht mißtrauisch seine schwarzen Angestellten.

„Taxi! Taxi?" rufen uns die Taxifahrer ständig zu. „Nein, wir laufen lieber." Der junge Taxifahrer in seinem langen Wintermantel ist hartnäckig: „*Musungus* laufen nicht." Nach dem dritten Anlauf hat er Erfolg. „Okay, zeig uns Nairobi Downtown." Er grinst, klappt den Kragen hoch und

klemmt sich fröstelnd hinter das Lenkrad. Wir lassen uns auf die breite Rückbank fallen. „Casino!" ruft er nach ein paar Minuten und zeigt auf die Neonreklame. Schon reißt ein rot livrierter Mann mit schwarzem Zylinder die Tür unseres klapprigen Taxis auf und weist uns zum Eingang. Die Roulettische in der düsteren Spielhalle sind von Indern, Arabern und Europäern in schwarzen Anzügen umlagert. Souverän schieben schwarze Croupiers die Jetons von den Feldern der Verlierer auf die der Gewinner, meist die der Bank. Viele Gäste verlieren an einem Abend mehr Geld, als die meisten Kenianer während ihres Lebens verdienen.

Nach unserem Abstecher in die Welt des Glücks lenkt unser Taxifahrer seinen uralten Datsun zielstrebig und ohne Fragen auf der *Kenyatta Avenue* stadtauswärts, biegt in eine Seitenstraße und hält quietschend vor einer Bar. „Die Musungus lieben diese Bar." Die männlichen Gäste sind fast ausnahmslos weiß, die Frauen, die sie umlagern schwarz. So jung und hübsch viele der Mädchen sind, so alt und kaputt erscheinen die meisten ihrer Freier. Aids scheint dem Umsatz nicht zu schaden. Sofort sind auch wir von den Mädchen umlagert. Es dauert einige Zeit, bis sie akzeptieren, daß wir uns nur unterhalten wollen.

Die Lebensgeschichten der Mädchen ähneln sich. Die 16jährige Alice gehört zum Volk der Kikuyu, ihre Familie lebt auf einer *Shamba* (Farm) am Mount Kenya, der Vater ist tot, die Mutter kann die sieben Kinder nicht ernähren. Was blieb ihr anders übrig, als in die Stadt zu gehen? „Ich bin nach Nairobi, um Arbeit zu suchen. Doch niemand wollte mich als Hausmädchen. Eine Freundin nahm mich mit in eine Bar. Das war's. Zuerst hatte ich Angst vor den Männern, doch der Hunger siegte über die Angst. Als ich nach drei Monaten mit meinem ersten ersparten Geld zu meiner Familie zurückkehrte, weinte meine Mutter, denn sie wußte, wie ich es verdient hatte."

Auf Nairobi konzentrieren sich nicht nur die Hoffnungen von Alice. Alljährlich strömen Zehntausende meist landlose Kleinbauern, junge Mädchen, oft auch verstoßene oder geschiedene Frauen mit Kindern in die Stadt, um hier Arbeit zu finden. Die meisten finden nie den Weg aus den Slums, Nairobi wird zum Grab ihrer Hoffnungen.

„Wollen Sie wirklich aussteigen?" fragt uns der Taxifahrer, als wir am nächsten Tag mit Alice zur *Juja Road* fahren. Hier beginnt das *Mathare Valley*, der größte Slum Ostafrikas und einer von fünfzig in Nairobi. „No problem!" beruhigt uns Alice. „Solange ihr bei uns bleibt, wird euch nichts passieren." Wir tauchen in ein Labyrinth von Verschlägen aus Pappkartons, Stoffetzen, Wellblech, Holz und Lehm. Stinkende Abwassergräben trennen sie von glitschigen Wegen. 200 000 Menschen leben hier im Mathare Valley auf einer Fläche von zwei Quadratkilometern – pro Bewohner weniger als ein Quadratmeter. Doch von Endzeitstimmung keine Spur. Verdreckte Kinder spielen lachend mit verbeulten Blechdosen, alte Männer sitzen vor den Hütten und trinken Bananenbier, Frauen in bunten Kleidern breiten ihre Wäsche auf den rostigen Dächern aus. Überall kleine Stände, an denen Zigaretten und Bonbons einzeln verkauft werden. Ein Schild weist eine Hütte als Videokino aus. In dem kleinen abgedunkelten Raum stehen Holzbänke, auf denen die Besucher kauern, während auf dem durch ein Gitter geschützten Bildschirm ‚Miami Vice' flimmert.

Endlich haben wir die Hütte von Alice erreicht. Sie teilt sich mit vier Freundinnen einen winzigen Raum, dessen Wände mit Bildern aus europäischen Illustrierten tapeziert sind: amerikanische Schauspieler, Rockstars, schnelle Autos, Parfümreklame. Als ich auf einem Regal eine Marienfigur entdecke und sie vorsichtig in die Hand nehme, seufzt Alice: „Gott hat uns vergessen."

Auf der Rückfahrt kommt uns eine schwere Mercedeslimousine mit Blaulicht entgegen. Ein brutal dreinblickender Mann hängt aus dem Fenster und jagt unser Taxi mit einer wilden Handbewegung von der Straße. Schon rast eine zweite Luxuskarosse um die Ecke, die Scheiben verdunkelt, die Scheinwerfer aufgeblendet. Es folgen vier

schwere Motorräder, dann ein überlanger gepanzerter Mercedes 600. Für Sekundenbruchteile erkennen wir den Präsidenten Moi.

Seit dem Tod des „altehrwürdigen Mannes" Jomo Kenyatta, dem ersten Präsidenten Kenias, im Jahre 1978 regiert Daniel Arap Moi diktatorisch. Der skrupellose Taktiker verstand es über Jahre, seinem Land trotz innenpolitischer Repression und grenzenloser Korruption das Image eines Musterlandes zu geben. Putschversuche, Morde an Oppositionspolitikern und schamlose Bereicherung der herrschenden Clique konnten daran nichts ändern. Selbst der *wind of change*, der Ende der 80er Jahre Afrika erfaßte und so viele Diktatoren hinwegfegte, konnte Moi letztlich nichts anhaben. Mois Macht basiert auf der KANU-Partei, die seit Jahrzehnten faktisch das höchste Organ des Staates darstellt.

Sie war bis Ende 1991 Einheitspartei und konnte Ende der 80er Jahre 70 Prozent der kenianischen Wahlberechtigten zu ihren Mitgliedern zählen.

Drei Jahrzehnte lang war die Einparteienherrschaft in Afrika die Regel. Hauptargument ihrer Befürworter ist, daß in afrikanischen Mehrparteiensystemen die Parteien meist nichts anderes als Interessenvertretungen eines bestimmten Stammes sind – Tribalismus, die bedingungslose Loyalität zum eigenen Stamm. Dieser Tribalismus ist ein prägender Faktor des politischen Lebens in vielen jungen Staaten Afrikas und eines der größten Hindernisse auf dem Weg zur Demokratie.

Nach einer Woche Nairobi kehren wir dieser afrikanischen Großstadt den Rücken und lenken unsere Enduros durch den morgendlichen Berufsverkehr nach Süden.

Bei *Namanga* passieren wir die Grenze zu Tansania und stehen abends schon am Steilabbruch des Rift Valley. Unser Ziel ist der noch aktive Vulkan *Ol Doinyo Lengai* und der *Ngorongoro-Krater* im Norden Tansanias. Massai-Land. Die kurvenreiche Piste hinunter ins Tal ist eine Katastrophe. Keiner von uns bleibt von Stürzen verschont. Erst bei Dunkelheit erreichen wir die Talsohle, bauen schnell die Zelte auf und fallen todmüde auf die Matratzen. Mitten in der Nacht schrecke ich mit einem lauten Schrei auf. Ein hochgewachsener Mensch bewegt sich lautlos zwischen den Zelten und verschwindet. Am Morgen fehlt ein Ersatzreifen. Dann tauchen zwei *Massai* auf und murmeln eine Begrüßung. Ihr kunstvoll geflochtenes, mit Ockerfarben verschmiertes Haar weist sie als *Moran aus*, als Krieger ihres Stammes.

Die Gesellschaft der Massai unterteilt sich in zwei altersabhängige Gruppen: die *Moran* (von der Beschneidung in der Pubertät bis zum 30. Lebensjahr) und die *Paiyani* (Alten). Eine Massai-Familie hat zwischen 100 und 300 Stück Vieh, manche Familien sogar einige tausend. Ihre von Dornenzweigen umgebenen Krals, in denen nachts das Vieh zusammengetrieben wird, geben sie immer wieder auf, um zu neuen Weidegründen weiterzuziehen. Die Moran, bewaffnet mit Speer und Schild, hatten früher ausschließlich die Aufgabe, die Mitglieder des Clans und ihre Viehbestände zu schützen, und – wenn sich die Gelegenheit bot – die eigene Herde durch Viehdiebstahl zu vergrößern. Durch den Moralkodex ihres Volkes sind solche Diebstähle gerechtfertigt, denn ihre Legenden berichten, daß einst alle Viehbestände der Welt den Massai gehörten.

Sie holen ihrer Meinung nach nur zurück, was ihnen gehört.

Kay entdeckt sie zuerst – die Schuhe unserer Besucher. Sie sind aus Reifengummi! Das erklärt das Verschwinden des Ersatzreifens. Mittlerweile sind zwei weitere Moran dazugekommen, beobachten uns wortlos und winken ihre Freunde herbei. Wir sind unsicher, wie wir uns verhalten sollen. Bevor wir uns über die Motive unserer Besucher einigen können, entfährt es Kay: „Meine Kamera ist weg!“ Einer der Massai weicht zurück und versucht krampfhaft, etwas unter seiner *shuka,* seinem roten Umhang, zu verbergen. Als Kay ihn zur Rede stellt, kommt Bewegung in die Krieger, blitzschnell greifen sie sich wahllos Gegenstände, die zwischen den Zelten auf dem Boden liegen, und binnen Sekunden sind sie wieder verschwunden.

Eine Verfolgungsjagd per Motorrad wäre sinnlos, das Gelände ist felsig. „Meine Kamera haben sie auch geklaut!“ „Mir fehlt das Waschzeug.“ Auch ein paar Töpfe und zwei Schlafmatten haben sie mitgehen lassen. Was tun? Wir fahren die Piste auf der Suche nach Massai-Dörfern ab. Bei einem von Rindern umlagerten Brunnen treffen wir auf die Diebe. Kay und Gregor steigen von den Maschinen, ich bleibe zurück, um im Notfall Hilfe holen zu können.

Die Massai begrüßen uns freundlich und stellen sich zunächst dumm. Und auf unsere Drohung, in *Mondule* die Polizei zu verständigen, ernten wir nur lautes Gelächter. Bald ist klar: Sie wollen Geld. Wir sollen ihnen alles wieder abkaufen. 1000 Schilling (ca. 30 DM) soll die Herausgabe von Kays Kamera kosten, die zweite Kamera nur 500 Schilling. Der Waschbeutel hat offensichtlich den größten Wert. Für ihn verlangen sie 10 000 Schillinge, 500 für die Töpfe,

100 für die Matten. Abgesehen vom Waschbeutel lösen wir alles ein und ziehen uns zurück. Für uns ein klarer Fall von Diebstahl und Erpressung! Für die Massai ein legitimer Tribut. Hatten wir nicht ohne Erlaubnis unsere Zelte auf ihrem Land aufgeschlagen?

Um 1890 umfaßte der Lebensraum dieser nomadisierenden Viehzüchter noch das riesige Gebiet zwischen dem Victoriasee und der Küste. Viele Ortsnamen wie Nairobi, Nakuru, Arusha und Nanyuki gehen auf dieses stolze Volk zurück. In den 90er Jahren des letzten Jahrhunderts vernichtete eine verheerende Rinderpest 90 Prozent ihres Viehs und damit ihre Existenzgrundlage und Machtstellung.

Der zu jener Zeit vordringenden weißen Kolonialmacht hätten sie auch mit gesunden Herden nicht lange Widerstand entgegensetzen können. Die britische Kolonialregierung beschlagnahmte per Dekret große Gebiete des wasserreichen, von Tsetsefliegen nicht verseuchten Landes und übereignete es weißen Siedlern. Eine Eisenbahnlinie wurde mitten durch die Weidegebiete der Massai gelegt, weiteres Land verloren sie durch die Ausweisung von Nationalparks, in denen ihnen nur eingeschränkte Weiderechte zugestanden wurden. Heute können die Massai in den weiten Savannen Südkenias und Nordtansanias nur dort weitgehend ungestört leben, wo aufgrund ungeeigneter Böden oder mangelnden Niederschlags kaum Ackerbau möglich ist.

Nach ein paar Stunden ist die teure Begegnung mit den Massai vergessen. Die Piste fordert volle Konzentration. Felsstufen, Geröll und vor allem die gefürchteten *Fech Fech*-Passagen machen selbst langsames Fahren gefährlich. Fech Fech ist ein extrem feiner Staub, der schon bei der kleinsten Berührung in dichten Staubwolken aufgewirbelt wird. Häufig verbergen sich darunter tückische Fahrrinnen, die uns die Vorderreifen wegreißen. Immer wieder müssen wir eine umgestürzte Maschine aus dem Sand bergen. Zu zweit. Allein wäre das nicht zu schaffen. Hinzu kommt die unerträgliche Mittagshitze. Der Schweiß brennt in den Augen, die Lippen sind aufgesprungen. Bald häufen sich die Stürze. Kraft und Konzentration lassen nach. Dann hebt sich der gewaltige Vulkankegel des Ol Doinyo Lengai über der flimmernden Luft des Rift Valley ab. Tagesziel erreicht. Nachtlager neben der Piste. Einfach nur schlafen.

Wegen der unerträglichen Tageshitze brechen wir erst am nächsten Abend kurz vor Sonnenuntergang mit einem Massai-Führer zum Gipfel auf. Nur schwach zeichnet sich die Silhouette des Vulkankegels gegen den nächtlichen Himmel ab. Gregor und ich schleppen schwere Rucksäcke, der Massai die Wasservorräte. Im fahlen Mondlicht können wir den Pfad durch die Lavaasche gerade noch erkennen, erst eine ungesicherte Felswand zwingt uns zu biwakieren. Zu dritt kauern wir uns in eine Lavahöhle und warten auf die Morgendämmerung.

Bei Sonnenaufgang stehen wir endlich auf dem messerscharfen Kraterrand. Der Blick in die Tiefe ist überwältigend: Aus zahllosen kleinen Vulkankegeln entweicht im Licht der aufgehenden Sonne orange leuchtender Schwefeldampf, aus Rissen und Spalten strömt wie schwarze Tinte flüssige Lava. Bei ihrem Austritt hat sie eine Temperatur von nur knapp 600 Grad Celsius und ist, obwohl dünnflüssig, nicht heiß genug, um zu glühen. Aus der tiefschwarzen Lava wird innerhalb weniger Stunden helles, brüchiges Gestein, das schließlich zu weißem Staub zerfällt.

In den Krater folgt uns der Massai nicht. Es wäre für ihn anmaßend, in den Wohnsitz seines Gottes *Enkai* vorzudringen, der den Massai zu Beginn aller Zeiten die Rinder an den Wurzeln des wilden Feigenbaumes auf die Erde herabgelassen hatte.

Ostafrika ist ein Paradies für Vulkanologen und das nächste Ziel nicht weit: der Ngorongoro-Krater, eine Tagesreise mit dem Motorrad. Hinter dem *Lake Natron* windet sich die Piste in engen, endlosen Serpentinen den Steilhang des Rift Valley hinauf. In der letzten Serpentine steht ein Landrover mit Differentialschaden. Der Fahrer wartet seit acht Tagen auf Ersatzteile aus Arusha. Hinter der Ortschaft *Vasso* führt eine kaum befahrene Nebenpiste über eine baumlose Hochebene zum Ngorongoro-Krater und durchquert eine der wildreichsten Gegenden Afrikas. Aber wir haben keine Muße für die Elefantenherden und Giraffen. Wir müssen vor Einbruch der Dunkelheit die Lodge am Ngorongoro-Krater erreichen. Eine Nacht auf dieser baumlosen Hochebene wäre viel zu gefährlich.

Eine breite Verbindungspiste zwischen dem Ngorongoro-Krater und der *Serengeti* führt zunächst durch die Steppe der Serengeti, steigt dann aber steil an, bis sie sich im Hochland der Riesenkrater in tiefhängenden Wolken verliert. Aus der unerträglichen Hitze der Ebenen befinden wir uns plötzlich in dichtem Nebel, und die Temperaturen liegen nur noch knapp über dem Gefrierpunkt. Völlig duchgefroren erreichen wir die Ngorongoro Crater Lodge auf über 2000 Meter Höhe.

Der Ngorongoro-Krater gehört mit einem Durchmesser von fast 20 Kilometern zu den größten Vulkankratern der Erde. Die Steppenlandschaft auf dem Kraterboden, der vor 2 Millionen Jahren eingebrochen war, ist eine Arche Noah. Gnus, Thompson-Gazellen, Büffel, Zebras, Löwen, Geparde, Hyänen und Nashörner bevölkern die Steppe, im See leben Zwergflamingos, Reiher, Pelikane und Nilgänse, in den Wäldern Elefanten und Warzenschweine. Nirgends sonst auf der Erde gibt es derart viele Tierarten auf so engem Raum. Nur die Giraffen fehlen, sie trauen sich nicht die steilen Kraterwände hinunter.

Hier, zwischen der Serengeti und dem Ngorongoro-Krater, vermuten Wissenschaftler wie Richard E. Leakey die „Wiege der Menschheit“. Denn sensationelle Knochenfunde und auch über drei Millio-

nen Jahre alte Fußspuren beweisen, daß sich vor mehr als vier Millionen Jahre die Entwicklung vom Affen zum Menschen hier in Ostafrika vollzogen haben muß, daß unsere Spezies hier den aufrechten Gang erlernte und sich vor 100 000 Jahren von hier als *homo sapiens* über Europa und Asien ausgebreitet haben muß.

1200 Kilometer sind es noch bis zur Grenze nach Sambia. Zunächst 200 Kilometer übelste Baustellenpiste und dann als Belohnung Asphalt. Wir fahren auf dem *Transafrican Highway,* der einmal die Länder Schwarzafrikas miteinander verbinden soll. Doch noch existiert er fast nur in den Sonntagsreden afrikanischer Präsidenten.

Ein mörderischer Highway. Hinter dem Lenkrad sind Afrikaner wie verwandelt. Vergessen ist die Gleichmut, die Geduld. Angetrieben von höllisch lauter Reggaemusik (und Drogen) prügeln sie Busse und Trucks über die schlaglochübersäten Highways. Die Truckfahrer fühlen sich als die wahren Kings des Transafrican Highway – und sind es auch. Mit Öl, Exportfrüchten, Maschinen und Menschen auf der Ladefläche ihrer Trucks bestimmen sie den Pulsschlag der afrikanischen Wirtschaft, und machen nebenbei (zum Überleben) natürlich auch ein paar Geschäfte auf eigene Rechnung. Meist sind es Kinder, die im Motorraum verschwinden, um die Maschine abzuschmieren, die Wasser besorgen und Diesel auf dem Schwarzmarkt auftreiben.

Auf dem Motorrad wird die Fahrt über diese Schlagader Afrikas zur nervenzerreißenden Strapaze. Kurz nach Mitternacht erreichen wir endlich *Chalinze,* einen der wichtigsten Verkehrsknotenpunkte Tansanias. Hunderte von Petroleumlampen beleuchten den Nachtmarkt. In kurzen Abständen halten überfüllte Überlandbusse am Straßenrand. Übernächtigte Passagiere stürzen aus den überhitzten Blechkäfigen und lassen sich erschöpft auf den wackeligen Holzbänken der Verkaufsstände nieder, an denen heißer Tee, warme Gerichte und Softdrinks angeboten werden. Kinder halten ihnen gekochte Eier, geschälte Orangen und gebratene Fleischspieße unter die Nase.

Die Nacht verbringen wir im ‚Sheraton Hotel‘, einer stickigen Wellblechhütte mit vier Betten. Eine jener afrikanischen Nächte, die zum Alptraum werden können. Von Mücken und Läusen zerstochen, machen wir uns im ersten Morgenlicht auf zur sambischen Grenze. Auf dem Weg nach Süden.

Boran-Nomadin mit ihrem Sohn

Millionen von Afrikanern erblinden am Trachom

Somalifrauen in Marsabit, Nordkenia

ein Turkanamädchen vor der Weide ihrer Ziegen

ein Boraukind dirigiert den Sandsturm

die Sambūrū beeindruckte vor allem das Rot unserer BMWs

Uns beeindruckte der Schmuck dieser Nomadin

Dornenzweige schützen die Dörfer der Samburu vor Raubtieren

Ihre Krieger leben abseits des Dorfes in Manyattas

Gletschersee vor den Gipfeln des Mount Kenya

in 4000 m Höhe gedeihen gigantische Blumen

die Bomas der Massai sind aus Kuhdung und Lehm erbaut

eine Giraffe am Fuß des Ol Doinyo Lengai

erstarrte Lava im Krater des Ol Doinyo Lengúai, ...

… des heiligen Berges der Massai

Morgenstimmung im Ngorongoro-Krater

Gnu-Herde im Amboseli-Nationalpark

die letzten Berggorillas der Virungas müssen …

... von Rangern beschützt werden

Souvenirs am Straßenrand, Ruanda

Transafrican Highway

Millionen von Afrikanern verlassen ihre Dörfer …

... und enden in den Slums der Großstädte, Kampala

nur für wenige Minuten halten die Überlandbusse

afrikanischer kinderalltag

der Besuch einer Schule ist ein Privileg

Handel mit Radkappen als Überlebensstrategie

die meisten Bewohner Nairobis leben in elenden Slums,

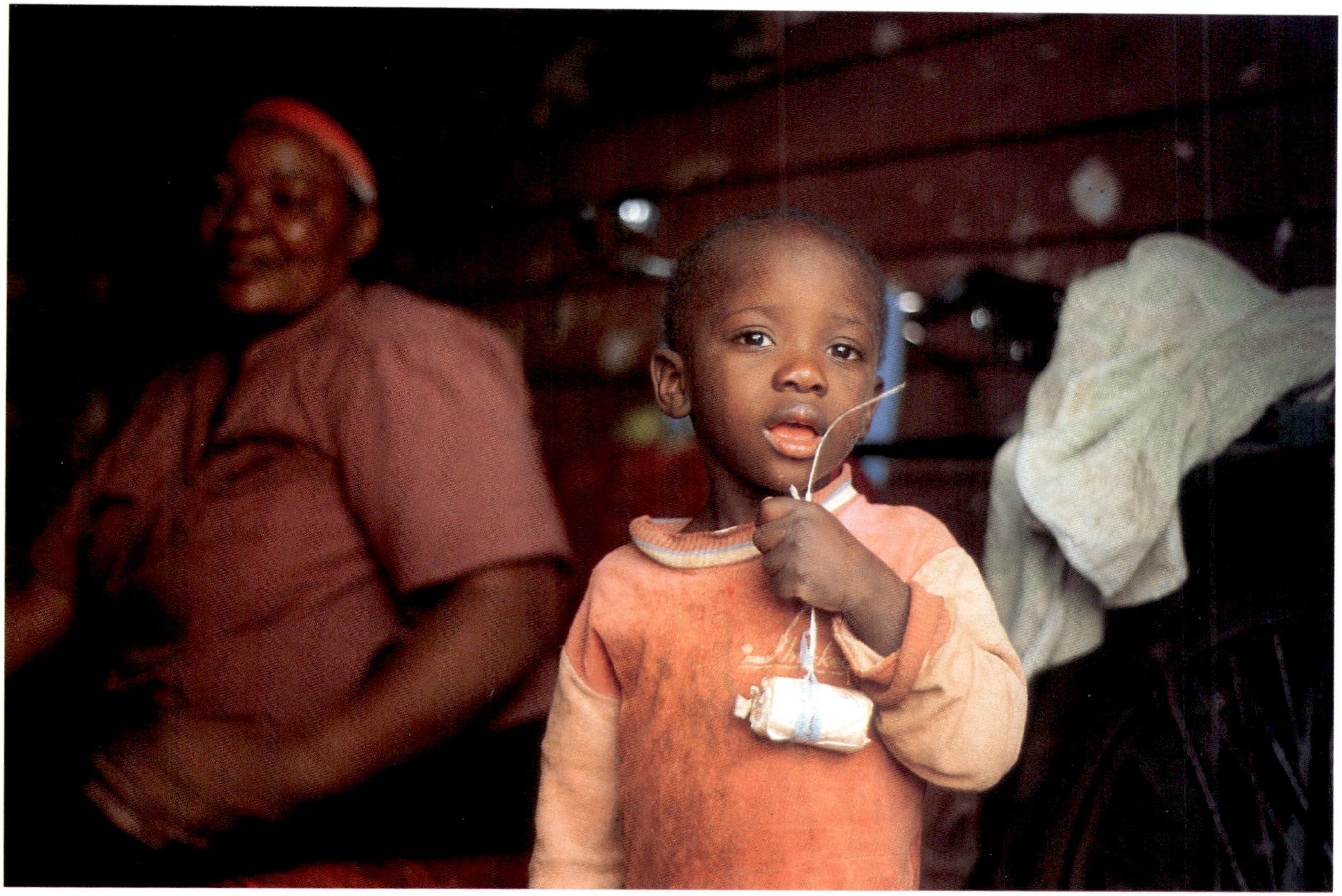

Selbst hier bewahren sie ihre Würde

am Strand von Lamu,

auf dem Markt von Mombasa

Jambo Kenya!

Rush Hour in Dar es Salaam

Abdul mixt Mango-Juice

in den Gassen von Lamu

Im Geländewagen durch Namibia

Meine dritte Reise nach Namibia. Ich liebe diese Ecke Afrikas. Warum? Nirgendwo in Afrika sind die Dünen höher, der Himmel blauer, der Ozean rauher. Ein Land ganz anders als das übrige Afrika und trotzdem ein Teil davon. Nach meiner Trans-Afrika-Reise mit dem Motorrad wurde es diesmal eine Gruppenreise – eine bunte Truppe, die sich nach jedem Halt in unseren 13 Jahre alten roten Nissan Patrol zwängte. Kay und ich, mit dem ich bereits auf dem Motorrad unterwegs war, spielten Chauffeur und Fremdenführer, meine Tochter Gina war mit 6 Jahren die jüngste, Kays Vater mit 71 der älteste des Teams. Für einige Tage stießen auch die Freunde Ruth und Wojo und meine Mutter dazu. Alle aus Bayern! Nach zwei Wochen „on the road" weigerte sich Gina mit allen ihr zur Verfügung stehenden Mitteln, rechtzeitig zum Ende der Kindergartenferien nach Hause zu fliegen. Sie war zwei Monate mit dabei.

„Welcome in Botswana" begrüßt uns die zierliche Zollbeamtin am Grenzübergang von Kasane. Seite um Seite hält sie das ADAC-Zollpassierscheinheft gegen das Licht der Neonröhre, um die Wasserzeichen zu prüfen. „In Botswana herrschen Demokratie und Rechtssicherheit."

Obwohl mir der Zusammenhang von Wasserzeichen und Demokratie nicht klar ist, muß ich ihr Recht geben. Botswana gilt mit seiner jahrzehntelangen demokratischen Tradition als Hort der Stabilität und Demokratie in Afrika. Die Beamten sind weniger korrupt, die Ladenregale gefüllt, die Straßen gepflegt, das Verkehrschaos fehlt. Botswana hat es allerdings auch einfacher als andere afrikanische Staaten. Reiche Vorkommen an Kupfer, Nickel, Steinkohle und Diamanten haben es zu einem wohlhabenden Bergbaustaat gemacht. Mit nahezu drei Millionen Rindern spielt Botswana eine große Rolle als Fleischexporteur. Und: über 90% der zwei Millionen Einwohner gehören zum Volk der *Tswana*. Bis auf Somalia und Lesotho besitzt kein Land Schwarzafrikas eine so große ethnische Homogenität (der Bürgerkrieg in Somalia zeigt allerdings, daß auch dies keine Garantie für Frieden ist).

Unser erstes Ziel: Tiere. Der *Chobe National Park* ist einer der schönsten Nationalparks in Afrika um Elefanten zu beobachten. Hier sitzt man immer in der ersten Reihe. 200 US-Dollar kostet die Parkgebühr für uns sechs. Ein stolzer Preis, aber wir wollen nicht klagen. Das Land benötigt auch diese Devisen dringend. Ganz anders als in Kenia gibt es allerdings weder luxuriöse Lodges noch ein ausgebautes Streckennetz. Dafür Wildnis hautnah, ohne asphaltierte Parkplätze und Schutzzäune.

„Beware of elephants!" gibt uns der Ranger mit auf den Weg. Wir folgen dem Südufer des *Chobe-Flusses*, der die Grenze zu Namibia absteckt und sich in langgezogenen Schleifen durch die Savanne windet. Flußpferde gleiten geschmeidig ins Wasser, auf einer Sandbank hat sich eine Elefantenherde zum morgendlichen Bad versammelt. Geschützt durch die Muttertiere, wagen sich die Jungen ein Stück in den ruhig dahinfließenen Chobe und versuchen, es ihren Eltern gleichzutun, die das mit dem Rüssel eingesaugte Wasser auf ihren massigen Körper verteilen. Gina jubelt, da hat sie im Kindergarten was zu erzählen.

In der Morgenkälte dampfender Elefantenkot auf der Sandpiste läßt uns allerdings auf die Bremse treten. Alle spähen etwas ängstlich aus dem Fenster, denn in den Bannkreis eines zornigen Elefantenbullen geraten, wer will das schon?

Wir verlassen den Flußlauf und schaukeln unseren Jeep durch eintönige Savannenlandschaft nach Süden. „Löwen!" schreit Gina und vergißt fast das Atmen. Keine 50 Meter von der Piste entfernt liegt ein Rudel Löwen auf einem Hügel. Vater, zwei Mütter, sieben Löwenkinder, die uns überhaupt nicht zu bemerken scheinen. Die Jungen tollen übermütig durch das hohe, ausgetrocknete Gras, nur der mähnige Alte wirft hin und wieder einen Blick zu uns herüber.

Am Horizont tauchen die ersten Dünen der *Kalahari* auf. 80% Botswanas werden von dieser Wüste bedeckt. Der Begriff Wüste ist allerdings irreführend, denn die Kalahari besitzt infolge regelmäßiger Niederschläge eine für Wüstenverhältnisse dichte Vegetation. Das Fehlen von Flüssen und Seen inmitten der gewaltigen Sandmassen ist für diesen Ruf verantwortlich.

Uns ist während des ganzen Tages kein anderes Auto begegnet, und auch das Camp am *Savuti-Trockenfluß* hat bis auf einen niedergetrampelten Elefantenzaun keinerlei Einrichtungen zu bieten – weder Wärter noch andere Besucher. Wir wühlen uns durch den Tiefsand zu einer imposanten, schattenspendenen Dornakazie, die wir uns als Nachtlager auserkoren haben. Jetzt im Winter (Mai/Juni) wird es kurz nach fünf schon dunkel, und das Kochen findet im fahlen Schein einer Taschenlampe statt.

Beim Abgießen des Nudelwassers fällt mir fast der Topf aus der Hand. Keine zehn Meter entfernt steht ein riesiger Elefantenbulle im Sand. Kay packt Gina, springt in den Wagen, Vatter Maeritz und ich hinterher. Nun sitzen wir wenigstens hinter Glasscheiben und kommen uns vor wie im Autokino. Der draußen ablaufende Film hat die Klasse von ‚Jurassic Park'. Wir campen offensichtlich im Wohnzimmer einer Elefantenfamilie, und der Boß weist uns die Grenzen. Zuerst ein infernalisches Trompeten. Imponiergehabe. Dann reißt er mit dem Rüssel ein paar Bäume aus, kickt die Kochtöpfe wie ein Fußballprofi und hält auf unser Auto zu. Unmittelbar vor unserer Karosse hält er inne, überlegt – und trottet von dannen, als sei nichts geschehen.

„Maun 200 km", verrät das Straßenschild am Ausgang des Parks. *Maun* zählt mit 18 000 Einwohnern bereits zu den zehn größten Städten Botswanas. Stichwort: *Okavango-Delta.* Dafür reicht die Zeit bei dieser Reise nicht, und die Bayern-Crew muß sich mit unseren Erzählungen am Lagerfeuer begnügen. Und das war so.

Vor drei Jahren hatten Kay, Gregor und ich unsere Motorräder zurückgelassen und waren ohne die obligatorische Agenturbuchung mit einem Piloten ins Delta geflogen. Ohne irgendwelche Checks und ohne einen Funkspruch durchzugeben, warf der Pilot die zweimotorige Maschine an. Schon bald breitete sich 300 Meter unter uns der Garten Eden aus: eine Symphonie in Grün und Blau, fruchtbar, weit, hoffnungsvoll. Lebensraum für Millionen von Tieren, scharf begrenzt durch die Kalahari.

Der im Hochland Angolas entspringende Okavango, einer der großen Flüsse des südlichen Afrikas, ergießt sich nach 1600 km hier in eine geologische Senke und bildet ein Binnendelta. Er hat längst den Atlantik verfehlt und verirrt sich wie ein ahnungsloser Reisender in der Wüste und versickert im Sand der Kalahari. Bevor er ganz verschwindet, löst er sich in zahllose Wasserrinnen auf, umschließt leuchtend grüne Schilfinseln mit seinen glitzernd blauen Armen und läßt eine der wildreichsten Landschaften Afrikas entstehen, das Okavango-Delta.

Krachend setzten wir auf einer gefährlich kurzen, mit Gras überwucherten Landebahn auf, die quer über eine kleine Insel verläuft. Mit einer knappen Geste wies der Pilot nach Westen und startete wieder durch. Irgendwo in dieser Richtung mußte also das Camp liegen. Nach einer guten halben Stunde Fußmarsch erreichten wir einen Holzverschlag, der sich beim Betreten als Bar des Camps entpuppte. Ein paar Whiskyflaschen, Kühlschrank, Cola-Werbung und ein verschlafener Barmann.

Am Ufer drei *Mokoros*, Einbäume, die von den einheimischen *Tswana-Hirten* in wochenlanger Arbeit mit Krummäxten aus oft Hunderte von Jahren alten Hartholzstämmen geschlagen werden. Die Einbäume, mit Stangen durch das dichte Schilfdickicht gestakt, sind das einzige Fortbewegungsmittel im seichten Deltawasser und können bis zu drei ausgewachsene Kühe transportieren.

Unsere ersten Selbstfahrversuche endeten allerdings kläglich. Wir drehten uns mit unserer schaukelnden Nußschale unkontrollierbar im Kreis und mußten sie schließlich schwimmend im Schlepptau zum Ufer zurückziehen. Mit Disco und Loa am Ruder glitt der Einbaum mühelos über die von Schilfrosen übersäten Kanäle. Und ohne die beiden wäre diese Bootstour vermutlich zu einer Odyssee ohne Wiederkehr geworden. Das mannshohe Schilf ließ kaum Ausblicke zu, und schon nach wenigen Minuten hatten wir zwischen immer gleich aussehenden Schilfinseln jegliche Orientierung verloren.

Am späten Nachmittag steuerten wir eine Insel an. Zugegeben: die Löwenspuren am Ufer beunruhigten mich. „No problem – wir machen ein Feuer." Nach überlebter Nacht im Freien bekamen wir für die kleine Fotopirsch am nächsten Morgen jedoch noch eine kleine Verhaltenslektion mit auf den Weg – für alle Fälle: „Wenn ihr einen Löwen seht, ruhig stehen bleiben. Wenn ihr auf Büffel trefft, schnell auf den nächsten Baum. Und bei Elefanten – langsam rückwärts gehen."

Wir entdeckten Löwenspuren, aber die Tatsache, daß die Zebras und Litschi-Antilopen so ruhig grasten, beruhigte ein wenig. Die Giraffen waren am besten zu erkennen. Es ist schon ein Erlebnis, eine Herde Giraffen in 30 Metern Entfernung an sich vorbeigaloppieren zu sehen, zu fühlen, wie die Erde vibriert, wenn diese hochgewachsenen Laubfresser in der ihnen eigenen Eleganz mit 70 Kilometern in der Stunde über die Savanne jagen. Dann plötzlich Büffel. Aber kein Baum in der Nähe. Wir zogen uns langsam zurück.

„Noch eine Geschichte!" bettelt Gina. Aber es ist Schlafenszeit – auch für die Erwachsenen. Morgen ist ein langer Tag, wir wollen bis *Gumare* auf dem Weg zur namibischen Grenze. Die nächtlichen Straßen sind leergefegt, nur am Ende des Dorfes entpuppen sich grellbunte Lichtblitze als Light Show einer Disco. Saturday Night Fever. Die Besucher könnten auch die einer In-Discothek in New York sein – topmodisch gekleidet, coole Sprüche. Aus riesigen Boxen dröhnt – etwas antiquiert – Donna Summer: „I was made for loving you baby!" Die obligatorische Frage läßt nicht lange auf sich warten: „Where do you come from?" Bei Germany hellen sich die Mienen auf. Weiße Südafrikaner sind hier nicht gerne gesehen.

Botswana ist wirtschaftlich stark von Südafrika abhängig. 90 % der Importe stammen vom ungeliebten, aber mächtigen Nachbarn, während die in Botswana gewonnenen Bodenschätze fast ausschließlich nach Südafrika gehen. Diese Abhängigkeit erzwang auch in schlimmsten Apartheid-

Zeiten einen moderaten Kurs gegenüber dem verhaßten Rassenstaat.

„Habt acht vor Dieben!" verabschiedet uns der Barkeeper morgens um drei und weist uns die Richtung zu der mit Flutlichtanlage und Stacheldraht gesicherten Polizeistation. Punkt acht Uhr stehen wir am Grenzposten in *Shakawe* und erledigen die Ausreiseformalitäten nach Namibia.

Erstes Ziel unserer sechswöchigen Reise durch Namibia ist der *Caprivi-Zipfel,* der auf jeder Afrika-Landkarte als topografisches Unikum auffällt. Krakenartig reicht er weit in das Herz des Kontinents. Der Landzipfel war Ergebnis eines Kuhhandels. Im Helgoland-Sansibar-Vertrag von 1890 vereinbarten Deutschland und England nicht nur den Tausch beider Inseln, sondern auch einen Zugang zum Sambesi-Fluß für Deutsch-Südwest. Nach dem damaligen deutschen Reichskanzler wurde der so entstandene, 480 km lange und bis zu 80 km breite Landstreifen „Caprivi-Zipfel" getauft und durch die rasch gegründete „Kaiserliche Residentur" Schuckmannsburg gesichert.

Der sonderbare Zipfel erzählt nicht nur von den Kolonialträumen des Deutschen Reichs, das als letztes ein Stück vom kolonialen Kuchen abbekam und als erstes wieder gehen mußte. Der Caprivi-Zipfel beleuchtet auch schlaglichtartig das durch die willkürliche Aufteilung Afrikas angerichtete Chaos. Sprachen, Völker, angestammmte Weidegebiete oder natürliche Grenzen spielten keinerlei Rolle, allein koloniale Machtinteressen zählten. Die Grenzen wurden am grünen Tisch mit dem Lineal festgeschrieben und 1885 auf der Berliner Kongokonferenz verabschiedet.

Als zwischen 1956 und 1980 insgesamt 43 Staaten Afrikas in die Unabhängigkeit entlassen wurden (sie sich erkämpft hatten), standen viele vor einem Scherbenhaufen. Manche Länder hatten nicht einmal ein Dutzend Hochschulabsolventen. Insbesondere die portugiesischen Kolonien lagen ausgeblutet am Boden. Heute wundern wir uns über die mörderischen Kriege und die Gewalt, die wie eine Naturkatastrophe über diesen Kontinent hereinzubrechen scheinen. Lamentierend zeigen wir mit dem Finger auf die ‚unfähigen' Schwarzen und treten als selbstlose Helfer auf, beklagen die Gewalt und vergessen, daß die Kolonialmächte (wir Europäer) vieles dazu beigetragen haben und auch bezüglich Gewalt schlimme Lehrmeister waren.

Katima Mulilo. Während des Guerillakrieges der SWAPO gegen die südafrikanische Herrschaft in Namibia war Katima Mulilo das Zentrum im Caprivi-Zipfel, „Bollwerk" der südafrikanischen Armee und Operationsbasis gegen SWAPO-Stellungen in Angola und Sambia. Seit dem Abzug der Südafrikaner 1990 ist der Ort wieder ein vergessenes, unbedeutendes Nest.

Die SWAPO (South West African Peoples Organisation) führte seit 1966 einen erbitterten Guerillakrieg gegen die südafrikanische Armee. Für die Südafrikaner waren es „Terroristen", für die UN seit den 80er Jahren die rechtmäßigen Vertreter Namibias. Mit dem Ende des Kalten Krieges verschoben sich auch die Macht- und Interessengefüge im Südwesten Afrikas. Im Juli 1989 kehrte die SWAPO-Führung mit Dr. Sam Nujoma an der Spitze aus dem Exil zurück, gewann mit 57% der abgegebenen Stimmen die ersten freien Wahlen.

Omega, Shitemo, Rundu. Ein breiter, meist schnurgerader Schotter-Highway führt uns den Okavango-Fluß entlang nach Westen. Gewaltige Trucks mit südafrikanischen Importwaren verwandeln die Piste in ein staubiges Inferno. Auf dem Highway treiben auch meist jugendliche *Kavangos* nach Westen, um auf den Farmen der Weißen oder in den Städten Arbeit zu suchen. Nicht die Not läßt sie ihre Äcker verlassen, denn auf den fruchtbaren Überschwemmungsböden gedeihen Mais und Hirse prächtig. Es sind die Verlockungen unserer Konsumwelt, Coca Cola und Videogames. Mit ochsengezogenen Holzschlitten die Ernte einzubringen, in einem Kral zu leben, das ist nicht ihre Perspektive.

Grootfontein bildet mit den 60 km bzw. 100 km entfernten Städten *Otavi* und *Tsumeb* ein Städtedreieck, das größte Bergbaugebiet Namibias. Bereits lange vor Ankunft der ersten Europäer schmolzen Angehörige des *Damara-Volkes* malachithaltiges Gestein in Öfen, die in Termitenhügel eingelassen waren. 1893 begann die von der deutschen Regierung finanziell gestützte *South West Africa Company* mit dem Erzabbau, in Rekordzeit wurde eine Schmalspurbahn nach *Swakopmund* an der Küste verlegt. Wie ein Korkenzieher schraubt sich heute der Erztagebau in die Tiefe. Vor allem Kupfer, insgesamt jedoch 217 verschiedene Mineralien werden gefördert. In Grootfontein sind die Straßen penibel sauber und

tragen die Namen von Bismarck, Schiller und vom Kaiser. In den Supermärkten, Bottle Stores und Haushaltswarengeschäften versorgt sich vor allem die umliegende weiße Farmbevölkerung.

Beim Kauf eines Polaroidfilms werde ich in einem Fotogeschäft Zeuge der alltäglichen Rassenparanoia. Als zwei *Hereros* den Laden betreten, klappt die gut 70jährige deutschstämmige Besitzerin blitzschnell die Theke runter, um die beiden am Betreten des Selbstbedienungstrakts zu hindern, und zischt zu mir herüber: „Halten Sie Ihre Kamera fest." Der Rassismus vieler Weißer ist so alltäglich, daß er oft geleugnet wird. Schwarze Farmarbeiter auf der Ladefläche eines Pickups und der weiße Farmer allein in der Kabine sind in Namibia ein normaler Anblick. Daß die Weißen während eines Fußballspiels auf der Tribüne sitzen, während die Schwarzen in der prallen Sonne schwitzen, ist normal. Normal auch, daß ein Werkstattbesitzer von schwarzen Kaffern spricht und seine Angestellten meint.

Und doch leben Schwarze und Weiße in Namibia relativ friedlich zusammen. Die Weißen wissen, daß sie von der Arbeits- und Kaufkraft der Schwarzen abhängig sind. Die Schwarzen haben es in einem extrem dünn besiedelten Land wie Namibia schwer, Demütigung und Unterdrückung in Protest umzusetzen.

Aber auch der schwarze Rassismus darf in Afrika nicht übersehen werden. Der Tribalismus, die Vetternwirtschaft und Bevorzugung der eigenen Stammesbrüder ist auch eine Form des Rassismus Tuareg und Mauren in der Sahara oder auch die etwas hellhäutigeren Swahili der ostafrikanischen Küste sprechen abfällig von „les noirs" oder „the blacks". Je heller die Haut, desto besser. In afrikanischen Werkstätten, auf Baustellen, in Restaurants sind die Chefs häufig eine Nuance heller als ihre Untergebenen. Die Industrie hat sich auf „White is beautiful" eingestellt und fördert es. In jedem kenianischen Supermarkt gibt es Haarbleichmittel, Entkrausungskuren und Hautaufheller (Michael Jackson!). Coca Cola und andere internationale Konzerne werben mit europäisch aussehenden Afrikanern nach dem Motto: Trink Coca Cola, und du fühlst dich weißer.

Der *Etosha-Nationalpark* ist Namibias Touristenattraktion „number one". Kurz vor Sonnenuntergang erreichen wir das Eingangstor. Ein kurzer Stop zwecks Beobach-

ein alter Mann aus dem Damaraland, Namibia

tung einer Giraffenfamilie bringt uns allerdings schon auf die ‚schwarze Liste' der weißen Ranger. Wer sich nicht an die rigiden Parkregeln hält, wird mit Rausschmiß bedroht. Der Tonfall ist militärisch. Und die Inventarlisten der mit Holztapeten und Veloursteppich auf „gemütlich" getrimmten Bungalows listen penibel die Zahl der Kopfkissen, Bettücher, Handtücher, Gläser und Toilettenpapierrollen auf.

Das 800 km lange Wegenetz, das die 40 Wasserlöcher verbindet, Toilettenanlagen und zahllose Hinweisschilder lassen keine Komfortwünsche offen und sind auf Massenansturm (vor allem während der Weihnachtszeit, den südafrikanischen Sommerferien!) ausgerichtet. Die Rastlager Namutoni, Halali und Okaukuejo, mit Supermärkten, Kiosken und Flutlichtanlagen für die angrenzenden Wasserlöcher ausgestattet, wirken im Vergleich zu einfühlsam der Landschaft angepaßten Lodges Ostafrikas eher wie Autobahnrastplätze. Einsame, romantische Steppe darf man hier nicht erwarten. Tierbeobachtung findet vom Parkplatz aus statt – und nur von dort. „Tiere nicht füttern." Wir fühlen uns wie im Zoo.

Ein paar Kilometer östlich des Parkeingangs biegen wir auf den Highway *B 1*, den die Südafrikaner als militärische Nabelschnur bis Ruacana an der angolanischen Grenze vorgetrieben hatten. Schon nach wenigen Kilometern Schlagbäume – mitten in Namibia. Der „Veterinärzaun". Alle aus dem Norden kommenden Fahrzeuge werden scharf nach Fleischprodukten durchsucht, um die Ausbreitung der Maul- und Klauenseuche zu verhindern. Bewacht wie die ehemalige innerdeutsche Grenze, trennt der ‚Veterinärzaun' Namibia in Arm und Reich, in Schwarz und Weiß. Im Süden ist das Land wie ein Flickenteppich in etwa 5000 private Farmbetriebe aufgeteilt, die sich fast ausschließlich im Besitz von weißen Familien befinden. Im Norden wirtschaften schwarze Kleinbauern auf Gemeindeland hauptsächlich für den Eigenbedarf.

Nördlich des Veterinärzaunes beginnt das *Ovamboland*. Es gehört immer noch zu den in Europa unbekannteren Teilen Namibias, obwohl hier über die Hälfte der Bevölkerung lebt. Der Grund: Während des Krieges sperrte Südafrika das Stammland der damaligen SWAPO-Guerilla für ausländische Besucher. Jetzt, nachdem Sam Nujoma, der SWAPO-Führer, am 21. März 1990 kurz nach Mitternacht unter dem Jubel der Menge zum 1. Präsidenten Namibias vereidigt wurde, ist die einstige Guerilla-Armee zur staatstragenden Partei geworden. Es war ein langer, blutiger Weg in die Unabhängigkeit.

Südafrika hatte nach Ende des I. Weltkriegs für das ehemalige Deutsch-Südwest-Afrika ein sogenanntes C-Mandat erhalten, das erlaubte, die neuen Gebiete als integralen Bestandteil des eigenen Landes zu verwalten. Seit der Gründung der UNO im Jahre 1945 wurde Südafrika immer wieder aufgefordert, Namibia in die Unabhängigkeit zu entlassen. Statt dessen dehnte es seine Apartheid-Politik Mitte der 60er Jahre auch auf den nordwestlichen Nachbarn aus. Die rund 75 000 Weißen, 7,5 % der Bevölkerung, erhielten fast die Hälfte der Landesfläche zugewiesen, während die schwarze Bevölkerung je nach Volkszugehörigkeit auf zehn Homelands verteilt wurde.

Die Zukunftsaussichten des unabhängigen Namibias sind im Vergleich zu anderen afrikanischen Ländern gut. Eine hervorragende Infrastruktur, ein hohes Bildungsniveau und auf dem Weltmarkt gefragte Bodenschätze wie Uran und Diamanten, verbunden mit politischer Stabilität machen Namibia derzeit zum Musterland Afrikas. Die schwarze Bevölkerungsmehrheit blickt heute viel optimistischer in die Zukunft als noch vor einem Jahrzehnt, auch wenn die soziale Situation der meisten schwarzen Familien in krassem Widerspruch zum Wohlstand der Weißen steht. Die Antwort des alten Tankwarts im *Kavango* auf meine Frage, was ihm die Unabhängigkeit gebracht habe, ist knapp: „Ich fühle mich einfach besser."

Die Weißen sahen mit der Unabhängigkeit die Götterdämmerung heraufziehen. Angst vor Enteignung und Rache der Schwarzen ging um. Doch Sam Nujoma und die SWAPO betrieben von Anfang an eine pragmatische, auf Ausgleich bedachte Politik, die international große Anerkennung findet. Reconciliation – Versöhnung – heißt die Losung, die allerdings bei vielen Weißen auf wenig Gegenliebe stößt.

Fühlten wir uns im 'weißen' Süden eher wie im Südwesten der USA, lassen hier im Ovamboland die Eselskarren, die fliegenden Händler und zahllose schrille *Cuca Shops,* kleine Geschäfte, in denen früher angolanisches Cuca-Bier verkauft wurde (und heute Soft Drinks, blaues OMO-Waschmittel, marokkanische Sardinen, Wäscheklammern, Hirsemehl) oder auch nur ein Schwatz unter Nachbarn abgehalten wird, keinen Zweifel: Wir sind in Schwarzafrika.

Hinter *Ruacana,* an den *Epupa-Fällen,* begegnen wir zum ersten Mal *Himba-Nomaden.* Wir stehen uns gegenüber wie Bewohner verschiedener Planeten. Was mögen die Himba von Menschen denken, die statt Rindern Autos besitzen, die Kleidung tragen, anstatt die Haut einzufärben.

Die größte Teil der Himba-Nomaden lebt im *Kaokoveld,* das der *Kunene-Fluß* nach Norden begrenzt. Im Westen geht dieses Nomadenland in die *Namibwüste* über, im Westen grenzt es an das regenreichere Ovamboland. Die Herkunft der Himba-Nomaden kann nicht zweifelsfrei geklärt werden. Es wird angenommen, daß die Vorfahren dieser Herero-Völker einst aus der Sudanzone quer über den Kontinent ins südliche Afrika gezogen sind. Anfang der achtziger Jahre verloren die Himba durch

eine katastrophale Dürre im Kaokoveld fast ihren gesamten Viehbestand, Tausende flüchteten in die Notlager der Regierung und internationaler Hilfsorganisationen. Nahrungsnothilfe bewahrte sie vor dem Verhungern, aber nicht vor dem Verlust der Identität. Was konnte ihnen die Zukunft ohne ihre heiligen Rinder bringen? Alkoholismus und Prostitution wurden in den Flüchtlingslagern allgegenwärtig.

Otjihende, ein Himbadorf. Wir liegen im Schatten eines Busches und warten auf die kühleren Stunden des späten Nachmittags. Zur Mittagszeit rührt sich freiwillig im Kaokoveld weder Mensch noch Tier, selbst die Kinder sind im Dunkel der Hütten verschwunden. Eine der Himbafrauen bietet uns *Mili Mili* an – Maisbrei. Kay versetzt mit einem Löwenbild, das er für Gina malt, unsere Gastgeberin in helle Begeisterung. Ob er nicht auch ein Bild von ihr und ihren drei Freundinnen malen könnte? Das macht der gelernte Grafiker natürlich gerne, und Gina ist schon bald mit den Kindern des Dorfs auf der Suche nach den Ziegen verschwunden.

Wie Statuen sitzen die drei Himbafrauen vor der erdfarbenen Lehmwand ihrer Hütte. Ihre Haut, die mit einem Gemisch aus tierischem Fett und pulverisiertem, eisenhaltigem Gestein eingerieben ist, glänzt braunrot. Um die Hüften tragen die Frauen locker fallende Lederhäute von Kälbern; Ketten mit kleinen Lederlappen und filigrane Eisenringe um den Hals geben Aufschluß über den Besitz von Rindern. Ihre Arme und Beine sind mit schweren Ringen geschmückt. Stirbt der Vater, müssen die Ringe des rechten, stirbt die Mutter, die des linken Armes und Beines abgenommen werden. Erst am Ende der Trauerzeit darf der Schmuck wieder angelegt werden.

Unser Vorhaben, mit Eseln ein paar Tage durch das Kaokoveld zu reiten, löst bei den Himba-Frauen zunächst Belustigung aus, doch sie organisieren uns zwei der störrischen Tiere samt Begleiter. Gina darf auf einem Esel Platz nehmen. Auch der Himba-Mann scheint wenig vom Gehen zu halten und springt auf den zweiten Esel. Kay und ich laufen hinterher. Unser Dolmetscher James zieht es unter Hinweis auf seine zerschlissenen Nike-Turnschuhe vor, mit dem Rest unserer Truppe im Dorf zu bleiben.

Drei Tage ziehen wir durchs Himbaland, übernachten in entlegenen Dörfern, deren Bewohner uns immer freundlich und offen empfangen. Die Begegnung mit zwei spindeldürren, einbeinigen alten Männern in einer fast vegetationslosen Halbwüste ist eines dieser Bilder, die man nie vergißt. Kriegsveteranen. Während des Krieges gegen die SWAPO rekrutierte die südafrikanische Armee Himba als Führer und Fährtenleser. Auf tote SWAPO-Kämpfer war eine Kopfprämie von 800 Rand ausgesetzt, eine Summe, der viele Himba nicht widerstehen konnten. Die Söldnerdienste für das weiße Regime hat die SWAPO nicht vergessen. Vielleicht ist das einer der Gründe, daß sich die ferne Regierung in Windhoek kaum für die Interessen der Nomaden einsetzt.

Im Gegenteil, sie forciert den Bau eines weiteren Staudamms an den *Epupa-Fällen*, der große Teile des Lebensraums der Himba zerstört. Sie unternimmt auch nichts gegen das Heer skrupelloser Herero-Händler, die mit ihren Pickups in die Himba-Dörfer fahren, um Ziegen und Schafe gegen billigen *Tassenberg*, südafrikanischen Wein, zu tauschen. Der Kurs steht fest: eine Flasche Wein für eine Ziege. Der Anblick der leeren Weinflaschen, die inzwischen um jedes Himba-Dorf entlang der Pisten liegen, macht wütend. Gibt es für die Himba auf ihrem scheinbar unvermeidbaren Weg aus der traditionellen Nomadengesellschaft in die Zivilisation keine Alternative zu den Slums von *Opuwo*? Viele der Himba, die nach Ende der Dürre 1982 aus Mangel an Rindern in Opuwo bleiben mußten, bevölkern heute diese häßliche Stadt. Nur die Form ihrer Hütten erinnert noch an das frühere Leben. Statt Lehm und Kuhdung dient nun Autoschrott als Baumaterial.

Damaraland. Auf einer gepflegten Schotterpiste kommen wir zügig voran.

Tafelberge, wüstenhafte Ebenen, menschenleer. Inmitten der Einöde stoßen wir auf Engelhardines Krämerladen - der einzige im Umkreis von 100 km. Engelhardine ist eine stolze, freundliche Frau, deren Fähigkeiten und Energien hier in der Einöde des Damaralandes brachliegen. In fließendem Deutsch erzählt sie von den langen Jahren, die sie als Haushälterin für eine deutsche Familie in Swakopmund gearbeitet hat. Als die Familie aus Angst vor der neuen schwarzen Regierung Namibia für immer verließ, fand sie, inzwischen eine alte Frau, keine Arbeit mehr.

Stolz zeigt sie mir die Bilder ihrer vier Töchter und vier Söhne, die „alle was geworden sind." Mit ihrem Fleiß konnte sie einer Tochter sogar ein Studium in Südafrika finanzieren. „Wo ist das Leben schöner, in der Stadt oder auf dem Land?" Sie lacht und deutet auf eine angebrochene Packung Maismehl. „Hier auf dem Land gibt es jeden Tag nur *Mili Mili*."

Hier im Damaraland wohnt auch Isaac, den wir am Morgen aufgelesen hatten. Drei Tage stand er schon am Straßenrand, eine Woche zuvor war er in Johannesburg zum jährlichen Heimaturlaub aufgebrochen. Weißer Strohhut mit rosa Schleife, pinkfarbene Socken, Bermuda-Shorts, um den Hals ein Kettchen mit den vier magischen Buchstaben LOVE und Kaugummi – er hat es geschafft! Sein jüngerer Bruder hatte sich während seiner langen Abwesenheit um die Schweine gekümmert, seine Frau hatte den Acker bestellt und ihm inzwischen ein fünftes Kind geschenkt. Ein Sohn, dem er sich nun liebevoll widmet. Wenn er das nächste Mal heimkommt, werden es sicher sechs Kinder sein.

Afrika stützt sich vor allem auf die Frauen. Sie sind das wirtschaftliche Rückgrat des Landlebens, sie schwingen die meisten Feldhacken – besitzen tut sie der Mann. Laut UNO produzieren die Frauen 70% der Nahrungsmittel auf dem Kontinent, sie sind zuständig für Kinder, Wasserholen, Einkauf, Hygiene, Kochen, Feldarbeit. Und trotzdem: sie haben nichts zu sagen, fehlen in den politischen Machtapparaten, werden gedemütigt durch Vielehe und brutale Beschneidungsriten.

Bernadette ist diesem Leben entflohen, hat ihren Mann verlassen und hat eine selbständige Arbeit gefunden. „I am the official guide for the gravures“, mit diesen Worten empfängt sie uns an den Felsen von *Twyfelfontein.* Hauptsächlich lebt sie vom Trinkgeld der Besucher und verkauft nebenbei auf eigene Rechnung Souvenirs und Cola, um ihre Kinder versorgen zu können, die (wie so viele Kinder in Afrika) bei der Oma leben.

Als Bernadette (im enganliegenden Tigerfellkleid) uns zu den berühmten Felszeichnungen führt, schildert sie uns den verhaßten Alltag als Frau eines Bauern: „Noch im Dunkeln stand ich auf, um noch vor der Hitze auf dem Feld zu sein, hackte, bis die Sonne über mir stand. Auf meinem Rücken trug ich immer mein jüngstes Kind, auf die anderen Kinder hatte die Älteste aufzupassen. Mittags mußte ich zurück, um meinem Mann das Essen zu kochen, mußte am Brunnen Wasser holen (was zum Glück nur eine Stunde dauerte). Mein Mann war um 11 Uhr aufgestanden und war schon wieder betrunken. Maisbier. Während er wieder schlief, wusch ich die Wäsche für die Kinder. Dann war es schon wieder Zeit, das Abendessen zu kochen, zu dem mein Mann meistens aufstand. Nach dem Essen kamen seine Freunde, aber ich durfte mich nie dazusetzen. Wenn mein Mann ins Bett kam, weckte er mich oft, um mit mir zu schlafen.“ Ein afrikanisches Frauenschicksal, Horror, und sicher keine Ausnahme.

Jeden Abend nehmen wir uns vor, *heute* mal früher anzuhalten und das Zeltlager aufzubauen. Doch auch an diesem Abend an der *Spitzkoppe*, dem Matterhorn Namibias, ist das Abendlicht so spektakulär, daß wir immer nur wie die Irren Bildern hinterherjagen. Erst als die Belichtungszeiten im Sekundenbereich liegen, können Kay und ich entspannen – und mit uns die Truppe.

Dann heißt's Lagerplatz suchen, was in der inzwischen hereinbrechenden Dunkelheit gar nicht so einfach ist. Jeder hat da

seine eigenen Vorlieben. Vatter Maeritz liebt die Aussicht, Gina will's kuschelig zwischen Felsen, Kay und ich achten auf den Einfallswinkel der Morgensonne, Wojo will seine Ruhe, und nur meiner Mutter ist grundsätzlich alles recht. Nach langem Rangieren steht das Auto dann endlich zwischen den gewaltigen Granitkugeln, die wie Murmeln im Sand liegen – etwas schief zwar, aber das stört nur Gina und mich, die im Dachzelt schlafen.

All unser Gepäck ist oben auf dem Dach verstaut. Bei sieben Leuten in einem Nissan Patrol hat nicht mal mehr eine Umhängetasche im Auto Platz. Ich habe den undankbaren Job, unter den ungeduldigen Blicken der anderen allabendlich die vielen Knoten zu lösen, die das Gepäck mehr schlecht als recht im Fahrtwind halten.

Dann kann ich auch das Dachzelt aufklappen, in dem Gina sofort mit Playmobil und anderen Schätzen verschwindet. 30 Minuten Ruhe, die genützt sein wollen. Im fahlen Licht der erblindeten Scheinwerfer raffen wir herumliegendes dürres Holz für das Lagerfeuer zusammen. Dann kramen wir aus zwei Expeditionstonnen und diversen Plastikkisten unser Dosenfutter. Während Mutter Martin, Vatter Maeritz und Wojo mit den Zeltgestängen ihrer Kuppelzelte kämpfen, beginnen Kay und ich mit dem Kochen. Reis, Corned Beef, Spaghetti, Ravioli oder sonstige Nudeln. Gina besteht auf Spaghetti pur. Als Tisch dient ein über zwei Dieselkanister gelegtes Sandblech. Nach dem Essen schlägt die große Stunde für Vatter Maeritz. Spülen ist angesagt. Zwei Liter Wasser müssen reichen.

Die Kälte treibt uns in die Nähe des Feuers. Müßige Diskussion, ob die Temperatur bereits unter dem Nullpunkt ist. Es ist so kalt, daß man unweigerlich so nahe ans Feuer rückt, bis man es vor Hitze nicht mehr aushält. Gina hat es am besten. Sie liegt in meinem Daunenschlafsack (bis –25 °C) und kann es sich daher leisten, der Hitze und dem beißenden Rauch des Feuers etwas fernzubleiben.

Das Schönste einer Wüstennacht ist der Sternenhimmel. Statt langsam aus dem Dunst aufzutauchen, blitzen die Sterne und Planeten schon am Horizont mit voller Leuchtkraft auf, als habe jemand sie angeknipst. Die Milchstraße leuchtet so hell wie vom Mond beschienene Nachtwolken, die *San* (Buschmänner) bezeichnen sie als „Rückgrat der Nacht“. Und das „Kreuz des

Robbenkolonie am Cape Cross, Namibia

Südens", an dem sich seit Menschengedenken die Karawanen und Seefahrer orientieren, geht im Sternenmeer fast unter. Auch ohne Fernglas sind Dutzende von Gasnebeln auszumachen, die in unsere Heimatgalaxie eingebettet sind.

Wer muß am Morgen als erster raus? Immer ich! Die anderen sind nur aus den Zelten zu locken, wenn ihnen der Morgenkaffee an die Isomatte serviert wird. Kay hat einen Rucksack voll Müsli mitgebracht, Gina bekommt ihre Kellogs Reiscrispies oder Strawberry Pops. Für Kay und mich kann von Frühstück keine Rede sein, das tolle Morgenlicht läßt uns Fotografen keine Ruhe. Zurückgekehrt, beginnt wieder mein Part: Ingesamt 24 (!) Gepäckstücke sind auf dem Autodach zu verknoten. Unter einer halben Stunde ist das nicht zu schaffen. Meist zwängen wir uns nicht vor 9 Uhr ins Auto. Reisealltag.

Westlich der Spitzkoppe beginnt der 100 bis 200 km schmale Wüstenstreifen der Namib, der sich entlang der gesamten namibischen Küste erstreckt. Jeden Morgen legt sich eine Nebelwand über die Namib. Sie ist auf die schnelle nächtliche Abkühlung der tagsüber eingeströmten Seeluft zurückzuführen und löst sich erst am späten Vormittag auf. Dieser Nebel ist das Lebenselixier für die erstaunlich artenreiche Flora und Fauna dieser Wüste, denn echter Regen fällt in der Namib so gut wie nie. Warum kein Regen? Der aus der Antarktis kommende eiskalte Benguelastrom erzeugt eine dünne Kaltluftschicht über dem Ozean, die Kondensation und damit Niederschlag verhindert. Während der Meeresstrom auf dem Festland die Namibwüste entstehen ließ, schafft sein Plankton- und Sauerstoffreichtum eines der fischreichsten Küstengewässer unseres Planeten.

Die größte Robbenkolonie Afrikas mit bis zu 250 000 Tieren befindet sich am *Cape Cross.* Im Juni 1994 kam es an der namibischen Küste zu einem katastrophalen Robbensterben, dem 200 000 Tiere zum Opfer fielen. Verhungert. Die Ausbreitung einer giftigen Algenart, im Volksmund ‚Rote Flut' genannt, hatte die riesigen Fischschwärme vertrieben und raubte den Robben die Nahrung. Die Launen des Benguelastroms machen auch der Seefahrt zu schaffen. Dichte Nebel, unberechenbare Strömungen und haushoher Seegang ließen bislang 400 Schiffe stranden, die Küste gilt

als der größte Schiffsfriedhof der Welt. Schiffsbrüchige, die sich an Land retten konnten, verdursteten oft jämmerlich und gaben dem öden Küstenstreifen den gruseligen Namen ‚Skelettküste'.

Richtig gemütlich dagegen ist es im ‚Café Treffpunkt' in *Swakopmund* bei Sachertorte, Bohnenkaffee und deutschen Schlagern. Swakopmund, neben Lüderitz die deutscheste Stadt Namibias, lebt vor allem von Sommerfrischlern, die der Inlandshitze zu entfliehen versuchen. Von den 17 000 Einwohnern sind fast die Hälfte weiß, meist deutscher Herkunft. Die kleine Hafenstadt war das Eingangstor für „Deutsch-Südwest", das sich aus dem Privatbesitz eines Bremer Kaufmanns entwickelt hatte. Hier in Swakopmund landeten nicht nur die Soldaten der deutschen Schutztruppe, sondern auch viele deutsche Siedlerfamilien. Die Einheimischen, die von ihrem Land vertrieben wurden, setzten den Deutschen heftigen Widerstand entgegen, aber sie waren der Schutztruppe waffentechnisch weit unterlegen. Der Aufstand der Herero im Jahre 1904 wurde von den deutschen Truppen unter Generalleutnant von Trotha blutig niedergeschlagen. Den überlebenden Herero blieb nur die Flucht in die Wüste, in der sie der skrupellose Offizier verdursten ließ. Von den 60 000 bis 80 000 Hereros überlebten den Krieg nur 16 000. Ein Völkermord, der von vielen Südwestern ungeniert geleugnet wird.

Die wenigen Jahre der deutschen Kolonialherrschaft in Südwest brachten dem Deutschen Reich zunächst Gewinn und Prestige, aber 1919 machten die Friedensverträge von Versailles den deutschen Kolonialträumen ein endgültiges Ende.

Südlich von Swakopmund, in *Sandwich Bay*, reichen die Dünen der Namib unmittelbar an den Atlantik heran. Der anstrengende Aufstieg auf die vom Wind geschärften Dünengrate lohnt sich. Im Westen breitet sich der Atlantik aus, im Osten wogt das Dünenmeer der Namib bis zum Horizont. Die Namib beschert Namibia auch eine seiner touristischen Hauptattraktionen, das *Sossusvlei.* Diese Lehmpfanne ist von 350 Meter hohen roten Sterndünen umschlossen. Nur wenn alle paar Jahre mal der Trockenfluß *Tsauchab* Wasser führt, „abkommt", wie die Südwester sagen, ist das *Vlei* für einige Wochen mit Regenwasser gefüllt.

Unbeirrt von Dünen, Bergen und Canyons führt die Piste am Ostrand der

Namib nach Süden. Die Weite scheint unermeßlich, nur die parallel zur Piste verlaufenden Farmzäune geben dem Auge Halt. „Rostock“ steht auf einem Schild und meint eine der riesigen Farmen. Hier, östlich der Namib, sind Farmgrößen von 20 000 ha Betriebsfläche durchaus normal. Der Wassermangel erlaubt nur extensive Viehwirtschaft. Neben Rindern vor allem Karakulschafe, die die Trockenheit besser ertragen.

Aus dem Fell der ungeborenen oder nur wenige Tage alten Lämmer („schwarze Diamanten der Wüste“) werden die sündhaft teuren Persianerpelze gefertigt. Internationale Proteste von Tierschützern machen aber den Farmern zunehmend das Geschäft kaputt. Die Farmen sind fast ausschließlich Familienbetriebe der Weißen. Auch die schwarzen Farmarbeiter, selten mehr als fünfzehn, leben mit ihren Familien auf dem Farmgelände. Sie sind in der Regel vom Gutdünken ihres *Baas* (Herrn) abhängig. Er allein bestimmt, ob ein schwangeres Mädchen wegziehen muß, ob die nicht mehr Arbeitsfähigen als Pensionäre auf der Farm bleiben können oder ob seine Arbeiter Kleintiere halten dürfen.

Lüderitz – deutscher als Deutschland. Blitzsaubere Sträßchen ziehen sich vom Hafen die felsigen Hügel hinauf, gesäumt von wilhelminischen Kolonialbauten, deren deutsche Aufschriften wie „Deutsche Afrikabank“ oder „Kaiserliche Zollabfertigungsstelle“ Geschichte erzählen. Über allem thront eine neugotische Backsteinkirche. Hier in Lüderitz begann im August 1883 die deutsche Kolonialgeschichte. Im Auftrag des Bremer Kaufmanns Franz Adolf Eduard Lüderitz erwarb der Bevollmächtige Heinrich Vogelsang mit betrügerischen Methoden von den Nama die spätere „Lüderitzbucht“ und das Hinterland. Bezahlt wurde mit Gewehren und Gold.

Innerhalb eines Jahres gelang es Lüderitz, in Deutschland nationale Begeisterung für dieses Stück Wüste zu entfachen. Nach anfänglicher Skepsis stellte Bismarck 1884 den Privatbesitz von Lüderitz unter den Schutz des Deutschen Reiches und schickte sogar eine Fregatte. Nun hatte auch Deutschland eine Kolonie.

Lüderitzbucht blieb lange ein verschlafenes Städtchen. Bis zum April 1908. Der deutsche Bahnbeamte August Stauch er-

kannte als erster den Wert eines unscheinbar glitzernden Steins, der an der klebrigen Schaufel eines Eisenbahnarbeiters haften geblieben war – und handelte sofort. Noch bevor das Jahr zu Ende ging, hatten seine Arbeiter, mit Marmeladengläsern als Sammelgefäßen und auf den Knien robbend, 39 000 Karat Rohdiamanten aus dem Sand der Namib aufgelesen. In *Kolmanskuppe*, 15 km östlich von Lüderitz, entstand eine Diamantensiedlung mit Postamt, Schwimmbad, Schlachterei und Schule. Hier förderte man vor dem 1. Weltkrieg ein Fünftel der Weltproduktion an Diamanten. In den 20er Jahren verlagerte sich die Diamantensuche an den südlichen Namibrand, auch heute ein hermetisch abgeriegeltes Sperrgebiet. Kolmanskuppe ist heute eine Geisterstadt. Der Sand streicht durch die alten deutschen Jugendstilhäuser, deren Fenster und Türen lose in den Angeln hängen und im Wind knarren, Holztreppen ragen in den tiefblauen Himmel, Schienen führen ins Nichts.

Heute hat auch der erste deutsche Brükkenkopf in Afrika gewaltige Strukturprobleme. Nur noch zwei der einst sechs Fischfabriken in Lüderitz geben Arbeit. „1973 lebten noch 1200 Weiße in der Stadt, 1980 waren es nur noch 380“, lamentiert Crispin Clay, der Vorsitzende der Stiftung „Rettet Lüderitzbucht“.

Hier in Lüderitz endet auch unsere Reise. Gezwungenermaßen. Motorschaden – 40 km vor Lüderitz, das wir nur im Schlepptau eines Trucks erreichten. „Maschinenfabrik Gebrüder Plietz, gegründet 1910“ steht über der Autowerkstatt im Zentrum von Lüderitz, die sich unseres geliebten Allrads angenommen hat. Schon seit Tagen schraubt Meister Plietz an unserem Nissan Patrol, am dritten Tag dann die niederschmetternde Diagnose: „Den Motor kannste vergessen!“

Mit dem Taxi geht es nach Windhoek, weiter mit dem Airbus nach München. Was aus dem Wagen geworden ist, wollen Sie noch wissen? Der steht noch immer in Lüderitz. Bei Drucklegung dieses Buches hatte ich noch keinen passenden Motor auf Münchens Schrottplätzen aufgetrieben. Aber sicher nächstes Jahr.

Kriegsveteranen
Namibia

die Himba sind die letzten Nomaden Namibias

ihr Raum ist das Kaokoveld am Rande der Namib

eisenhaltige Erdpaste färbt ihre Haut

die Dörfer folgen den Weideplätzen ihrer Rinder

Sonnenbrille und Reißverschlußkette – neue Statussymbole

Supermarkt in Opuwo, Kaokoveld

in den Slums von Opuwo ...

gibt es keinen anderen Weg für die Himba ?

Frisuren und Schmuck verkünden den sozialen Status

die Dürre nahm diesem Himba seine Rinder

die Namib zählt zu den trockensten Wüsten der Erde …

ihre Dünen sind
die höchsten Afrikas

die Weiten Namibias scheinen unendlich.

die Farmen immer noch in deutscher Hand

Geisterstadt Kolmanskuppe – entstanden im Diamantenfieber

ein Bremer Kaufmann gründete Lüderitz

„Gebrüder Plietz – gegründet 1910" steht über dieser Werkstatt

Keep smiling!

die Tracht der Hereros hat viktorianische Vorbilder

ihre Röcke sind aus 12 m Stoff genäht, darunter 5 Unterröcke

die Spitzkoppe, das Matterhorn Namibias

das extreme Wüstenklima formt diese Landschaft

Ostrand der Namibwüste

Blick von der Spitzkoppe auf unseren Campingplatz

Omo is everywhere!

Wenige Tage zuvor brannte die Hütte dieser Mutter von 5 Kindern

Telefone sind in Afrika oft nur Attrappe

Jonathan präsentiert seinen besten Freund

die San sind an unserer Zivilisation zerbrochen

Mokoros sind das Transportmittel im Okavango-Delta

Löwen auf morgendlicher Pirsch

vier Männer im Sand

eingesandet

eine gebrochene Hinterachse

nicht immer gibt es Br

unser Geländewagen mit Dachzelt

unterwegs mit Himbanomaden

Orientierungsstop

Tochter Gina auf Lamu

und dieses Buch entstand nicht nur am Schreibtisch

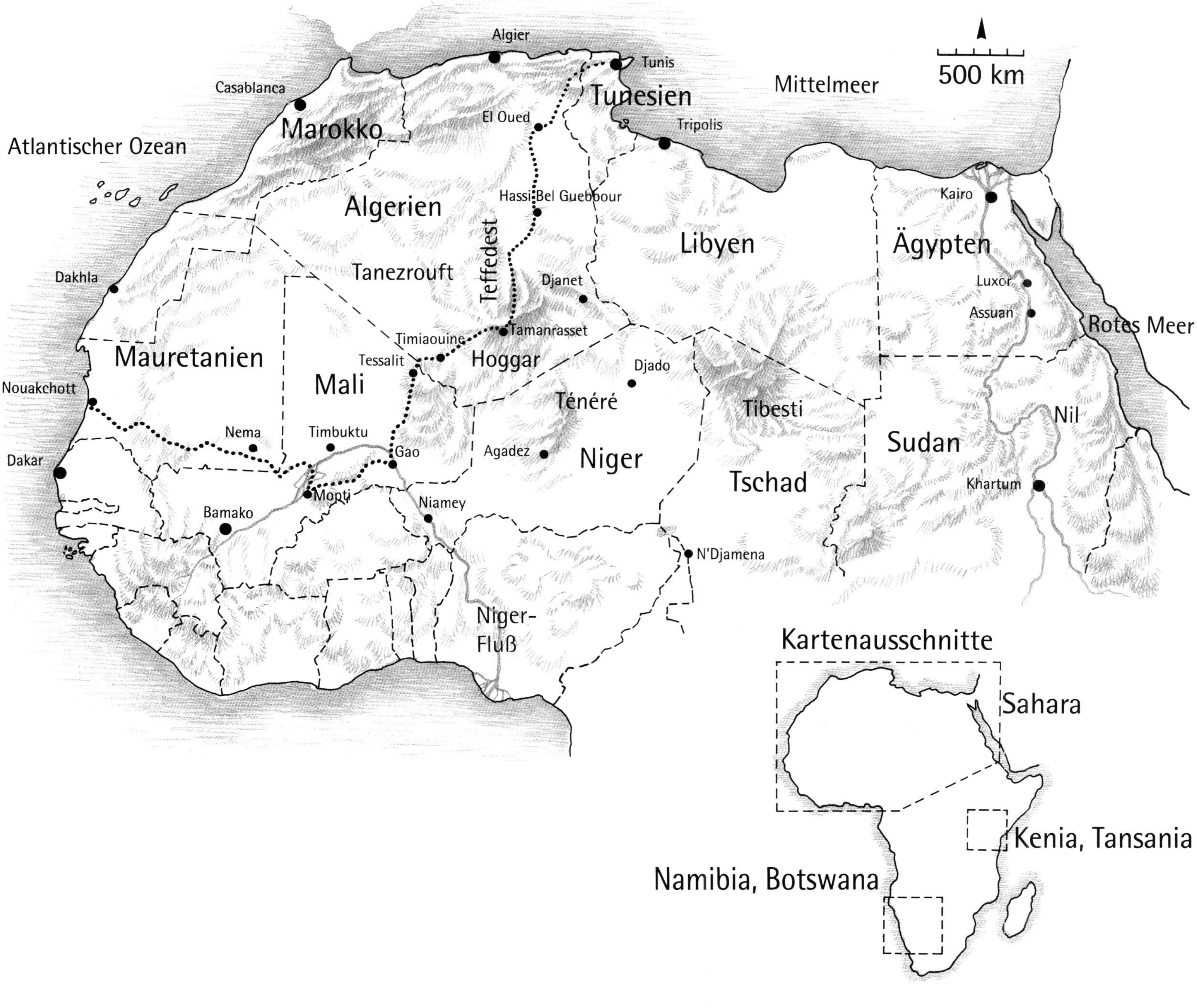
Algier
Tunis
Casablanca
Mittelmeer
500 km
Tunesien
Marokko
El Oued
Tripolis
Atlantischer Ozean
Kairo
Hassi Bel Guebbour
Algerien
Libyen
Ägypten
Teffedest
Dakhla
Tanezrouft
Djanet
Luxor
Assuan
Tamanrasset
Rotes Meer
Timiaouine
Mauretanien
Tessalit
Hoggar
Djado
Mali
Nouakchott
Ténéré
Tibesti
Nil
Nema
Timbuktu
Sudan
Gao
Agadez
Niger
Dakar
Tschad
Khartum
Mopti
Niamey
Bamako
N'Djamena
Niger-
Fluß
Kartenausschnitte
Sahara
Kenia, Tansania
Namibia, Botswana

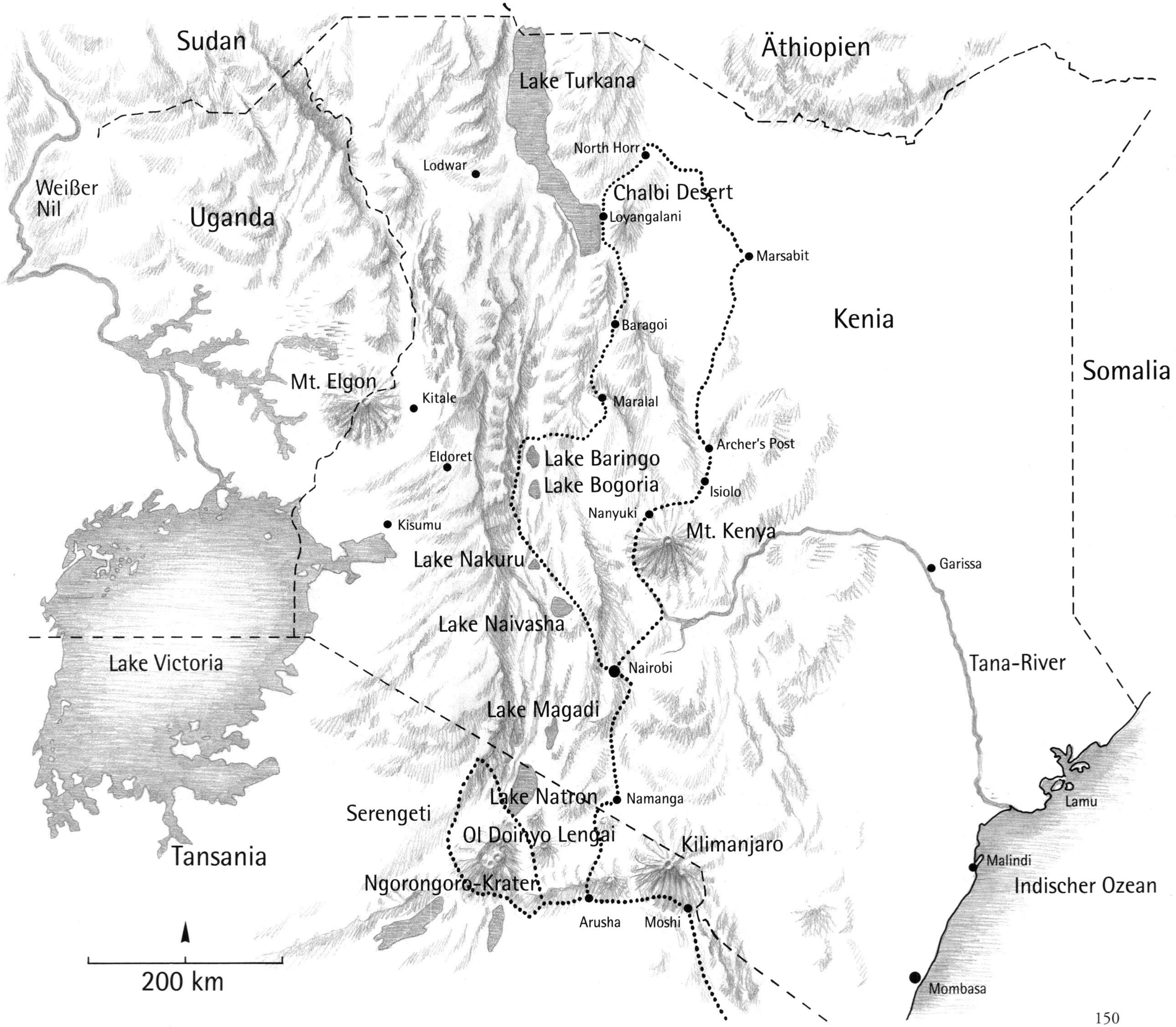
Sudan
Äthiopien
Lake Turkana
North Horr
Lodwar
Weißer Nil
Uganda
Chalbi Desert
Loyangalani
Marsabit
Kenia
Baragoi
Somalia
Mt. Elgon
Kitale
Maralal
Archer's Post
Eldoret
Lake Baringo
Lake Bogoria
Isiolo
Nanyuki
Kisumu
Mt. Kenya
Lake Nakuru
Garissa
Lake Naivasha
Nairobi
Tana-River
Lake Victoria
Lake Magadi
Lake Natron
Namanga
Lamu
Serengeti
Ol Doinyo Lengai
Kilimanjaro
Tansania
Malindi
Ngorongoro-Krater
Indischer Ozean
Arusha
Moshi
200 km
Mombasa

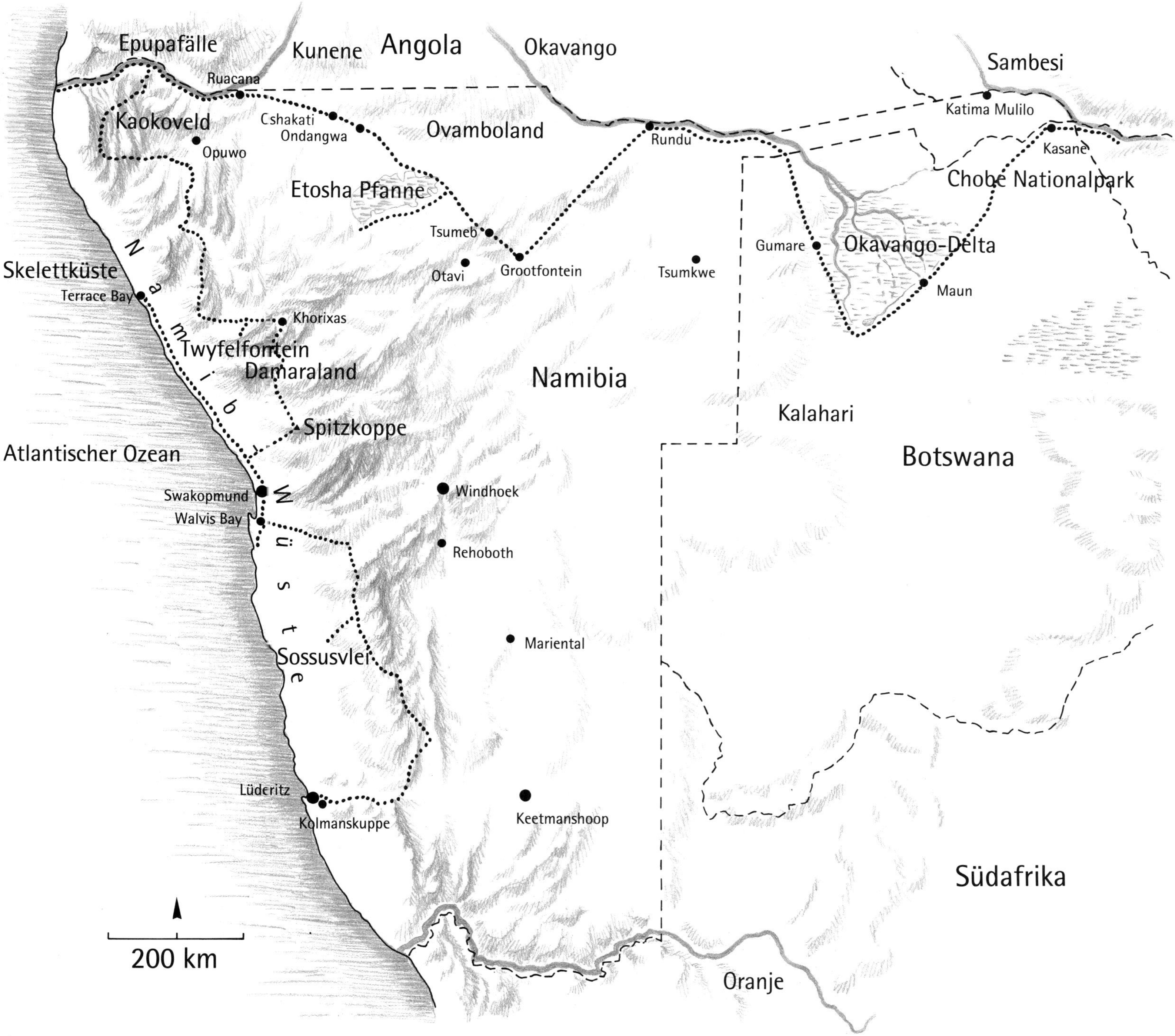
Epupafälle
Kunene
Angola
Okavango
Sambesi
Ruacana
Katima Mulilo
Kaokoveld
Cshakati
Ondangwa
Ovamboland
Rundu
Kasane
Opuwo
Chobe Nationalpark
Etosha Pfanne
Tsumeb
Gumare
Okavango-Delta
Otavi
Grootfontein
Tsumkwe
Skelettküste
Terrace Bay
Maun
Khorixas
N a m i b
Twyfelfontein
Damaraland
Namibia
Kalahari
Spitzkoppe
Atlantischer Ozean
Botswana
Swakopmund
W ü s t e
Windhoek
Walvis Bay
Rehoboth
Mariental
Sossusvlei
Lüderitz
Kolmanskuppe
Keetmanshoop
Südafrika
200 km
Oranje

Danke

. . . den vielen Menschen in Afrika, deren Gast ich für Stunden oder Tage war, die mir das Gefühl gaben, auch als Fremder jederzeit willkommen zu sein. Stellvertretend möchte ich nennen: Abdul aus Lamu, Mohammed aus Agadez, die Mönche des St. Antoniusklosters, Sode aus Marsabit, Alex aus Gao, Familie Gröning aus Windhoek.

. . . meinen Reisepartnern, die mich auf den bislang 40 Reisen begleitet haben, insbesondere an Detlev Kratz, Achim Mende, Walter Heimbach, Armin Peither, Alexander Ramisch, Ilija Trojanow, Sebastian Seitz, Gina Ramisch, Stefanie Ramisch, Wolfgang Seel, Christoph Hofbauer, Gregor Karch, Uli Waggershauser, Sabine Kaiser, Wojo Kavcic, Thilo Mössner, Kay Maeritz, Jürgen Maeritz, Gerda Martin und Ruth Weixler.

. . . meinem Verleger Karl Johaentges und Jackie Blackwood, die dieses Buchprojekt von Anfang an mit großem persönlichen Engagement und konstruktiver Kritik betreuten und auch beim Verfassen der Texte hilfreich zur Seite standen. Sybille Gradnitzer danke ich für die textliche Überarbeitung, Daniela Schetar für ihre Kritik und Anregungen.

. . . meinen Eltern, die meine Afrikaleidenschaft von Anfang an unterstützt haben, Steffi Ramisch und unserer Tochter Gina für ihre Geduld, Kay Maeritz für die vielen gemeinsamen Reisen und seinen freundschaftlichen Rat.

. . . Wojo Kavcic, Tina Mittmann, Albrecht Schmidt, Alex Schwindt, Laszlo Szell, Gerhard Göttler und Chris Lewis, die mir in den letzten Jahren bei meiner Arbeit viel geholfen haben.

. . . für die Unterstützung meiner Reisen und Vortragsarbeit: Stefan Bässgen, Hartmut Krinitz und Franz Baumann (Bässgen AV-Technik), Frau Balzuweit (Lufthansa), Herrn Stolt und Herrn Wrissenberg (Minolta), Herrn und Frau Killmann (Markill), Herrn und Frau Brillinger (Climb High), Herrn Carl und Herrn Geisenhöfer (BMW), Herrn Bayar und Herrn Friedmann (Kodak).

. . . Klaus Hledik, Christoph Hofbauer und Herrn Krelj für die Organisation der Litho- und Druckarbeiten, Uli Zimmermann und meiner Mutter Gerda Martin für ihre Textkorrekturen. Und nicht zuletzt dem Vertreterteam des ILH GeoCenters, das dieses Buch mit viel Engagement in die Buchhandlungen brachte.

Fotografie

Die Bilder dieses Buches entstanden während meiner insgesamt vierzig Reisen seit 1981 – die meisten Bilder allerdings in den letzten beiden Jahren. Reisen in Afrika, allein die Fortbewegung, ist nervenaufreibend – Treibstoffsuche, Reparaturen und der Umgang mit Grenzbeamten erfordern viel Kraft, die Fotografie wird zur Nebensache, zur Dokumentation. Unterwegs mit alten Peugeots war es oft wichtiger, das Auto am Laufen zu halten, als zu fotografieren. Ölverschmiert und völlig erledigt konnte ich oft einfach nur ‚abdrücken'. Auch das Motorrad ist in Afrika kein ideales Gefährt für Fotografen.
Erst in den letzten Jahren wurde die Fotografie wichtiger und professioneller Bestandteil meiner Reisen. Staub und Sand sind der größte Feind einer Kameraausrüstung. Zur Vermeidung von Filmkratzern habe ich mir angewöhnt, Filme nur bei geöffneter Kamerarückwand zurückzuspulen – im schwarzen Dunkelsack natürlich.
Meine Ausrüstung auf dem Motorrad bestand aus zwei motorgetriebenen Spiegelreflexkameras mit sechs Wechselobjektiven (16 mm bis 500 mm Brennweite) und einem leistungsstarken Blitz. Alles mußte im Tankrucksack Platz finden. Filme transportierte ich, in Plastikboxen verpackt, in Alukoffern. Ich verwendete vor allem 50 ASA und 100 ASA-Filme.
Mit einem Geländewagen wird auch das Fotografieren leichter, die Ausrüstung konnte um ein stabiles Stativ und um einen Aufhellschirm ergänzt werden.
In den letzten Jahren habe ich mich auf die Fotografie von Menschen konzentriert. Das ist in Afrika nicht einfach. Denn die so unterschiedlichen Lebens- und Besitzverhältnisse von Reisenden und Einheimischen werfen tiefe Gräben auf und die Kamera vergrößert sie zusätzlich.
Hier ist nicht nur Geduld, sondern auch Verständnis gefordert. Wenn die Menschen, denen ich begegne, fühlen, daß ich mich für sie und ihre Probleme wirklich interessiere, schwindet auch die bedrohende Wirkung des Fotografierens.
Mein Lieblingsobjektiv ist ein 28-mm-Weitwinkel. Es schafft Nähe zu den Menschen und setzt Vertrauen voraus. Heimliche Menschenaufnahmen mit Teleobjektiven oder Spiegelvorsätzen verstärken oft die Erfahrungen der Bereisten, daß sie fotografiert nur als exotisches Souvenir gesammelt werden. Fast alle Menschenaufnahmen in diesem Band entstanden mit dem ausdrücklichem Einverständnis der Fotografierten. In den von Touristen häufig besuchten Regionen haben sich die Bewohner auf fotografierende Touristen eingestellt und verlangen ein ‚Honorar'. Ich bedanke mich meist mit einem Polaroid-Foto – das hat allerdings zur Folge, daß plötzlich alle Umstehenden fotografiert werden wollen!

Literatur

Unübertroffen in Genauigkeit und Aussagekraft sind die Michelinkarten: 953 für die Sahara und Westafrika, 955 für Zentral-, Ost- und Südafrika und 954 für das nordöstliche Afrika.
Für Saharareisen abseits der Pisten sind die IGN-Karten (verschiedene Maßstäbe) zu empfehlen, erhältlich in manchen Globetrottergeschäften und Reisebuchhandlungen.

Die Tuareg
Gerhard Göttler, DuMont Verlag
Das Standardwerk über die Tuareg, wissenschaftlich genau und zugleich gut zu lesen.

Sahara-Handbuch
Gerhard Göttler (Hrsg.), Pietsch-Verlag
Handbuch zu allen Fragen der Vorbereitung und Durchführung einer Saharareise (Mitarbeit von Michael Martin).

Afrika Afrika
David Lamb, Marino-Verlag
Das politische Sachbuch zu Schwarzafrika!

Afrikanissimo
Ilija Trojanow und Peter Ripken (Hrsg.), Piper Verlag
Eine Sammlung mit Texten großer afrikanischer Autoren.

Weißbuch Afrika
Walter Michler (Hrsg.), Dietz Nachf. Verlag
Engagierte Texte und wissenschaftlich genaue Daten zur wirtschaftlichen und sozialen Situation Afrikas.

Ostafrika
Michael Köhler (Hrsg.), DuMont Verlag
Fundierter Reiseführer zu Ostafrika mit viel Hintergrundinformation.
Ostafrika-Gesellschaft, Politik, Wirtschaft
Fritz Gleiß (Hrsg.), Mundo Verlag
Kritisch-engagierte Texte zu Politik, Gesellschaft und wirtschaftlichen Zusammenhängen in Afrika.

Namibia
Wendula Dahle und Wolfgang Leyerer (Hrsg.), Mundo-Verlag
Der beste Reiseführer zu Namibia mit viel Hintergrundinformation.

Namibia Tourenmanual
Christian Pehlemann, Chr. Pehlemann Verlag
Gute Routenbeschreibungen

Die Geschichte Schwarz-Afrikas
Joseph Ki-Zerbo, Fischer-Taschenbuch
Die erste umfassende Geschichte Schwarzafrikas, die von einem Afrikaner verfaßt wurde.

Bücher und Kalender des Autors

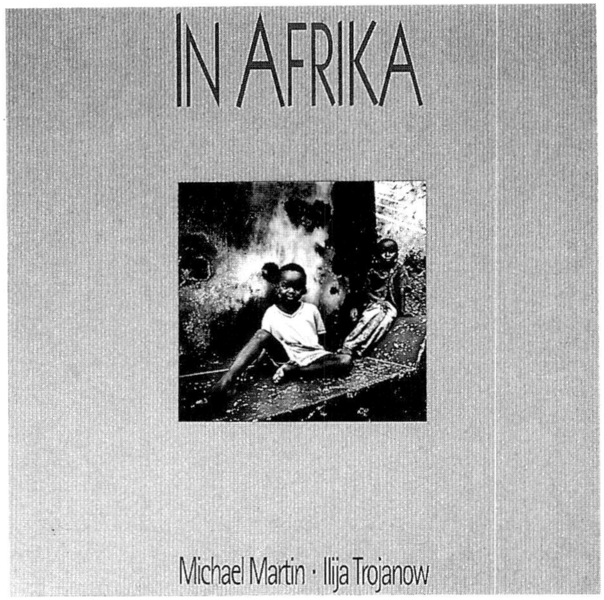

Sahara
Michael Martin, im Vertrieb des Marino-Verlags, 2. Auflage
Bildband mit Sachtexten, 1991, DM 59,–

InAfrika
Michael Martin und Ilija Trojanow
Bildband mit ausführlichem Textteil inklusive einer CD mit Werken großer afrikanischer Musiker
Marino-Verlag, 2. Auflage 1994, DM 128,–

Naturwunder Ostafrika
Ilija Trojanow und Michael Martin, Frederking & Thaler Verlag,
Reiseratgeber mit Erlebnistexten und Hintergrundinformationen
1994, DM 49,80

Sterne auf der Nacht Deiner Haut
Léopold Senghor und Michael Martin, Peter Hammer Verlag,
Geschenkband mit Gedichten des großen Literaten und langjährigen senegalesischen Staatspräsidenten Léopold Senghor und Fotos von Michael Martin, 1994, DM 29,80

Namibia
Michael Martin und Kay Maeritz, Umschau Verlag, erscheint im
Bildband mit ausführlichem Textteil, Frühjahr 1995, DM 68,–

Michael Martin

Michael Martin, geboren 1963 in München, bereist Afrika seit seinem siebzehnten Lebensjahr. Inzwischen hat er 40 Reisen in alle Teile des afrikanischen Kontinents unternommen. In den ersten Jahren war vor allem die Sahara das Ziel seiner abenteuerlichen Reisen. Michael Martin war immer wieder – meist mit alten Peugeots – in den entlegensten Gebieten dieser Wüste unterwegs. 1988 gelang ihm zusammen mit Freunden die Durchquerung der Ténéré-Wüste, 1991 fuhr er auf dem Motorrad von Kenia nach Kapstadt. Michael Martin machte sich mit seinen spannenden Live-Diavorträgen *„Afrika – vom Nil zum Niger"*, *„Ténéré"* und *„Transafrika"* einen Namen und gilt heute als einer der besten und erfolgreichsten Vortragsreferenten im deutschsprachigen Raum.

Zur Zeit reist Michael Martin wieder kreuz und quer durch Afrika – für einen neuen Diavortrag, der ab Herbst 1995 in zahlreichen Städten gezeigt wird.
Der Münchener hat bislang fünf Afrika-Bildbände veröffentlicht. Insbesondere seine Bildbände *Sahara* und *InAfrika* (Text Ilija Trojanow) wurden ebenso wie seine Kalenderreihe mit viel Lob bedacht. Sein Kalender *Kinder in Afrika* wurde 1994 mit dem Internationalen Kodak-Kalenderpreis ausgezeichnet.
„Nebenbei" hat der Münchner auch Geographie und Afrikanistik studiert und – nach vielen Semestern – als Diplom-Geograph abgeschlossen. Im vorliegenden Buch beschreibt er seine Erlebnisse und Eindrücke und präsentiert seine besten Bilder aus 13 Jahren Afrika.

Leser, die sich für die Diavorträge von Michael Martin interessieren, erhalten auf schriftliche Anfrage jedes Jahr kostenlos das aktuelle Vortragsprogramm mit allen Auftrittsorten zugeschickt. Postkarte oder Fax genügt. (Eine Weitergabe der Adresse an Dritte ist ausgeschlossen).
Die Kalender und die gegenüber abgebildeten Bücher von Michael Martin sind im Buchhandel erhältlich und können auch (handsigniert oder mit Widmung) schriftlich direkt bei ihm bestellt werden. Bezahlung durch Scheck oder per Nachnahme (bitte die zusätzlichen Versandkosten von DM 9,– berücksichtigen).

Michael Martin, Dumasstraße 9
D-81241 München
Fax 0 89/56 49 22

Unser Programm:

die besonderen Bildbände!

Ausgezeichnet mit dem KODAK FOTOBUCHPREIS

Hardcover, 156 Seiten mit 140 Farb-+S/W-Fotos
ISBN 3-925544-05-4 **DM 39,80** – Kodak-Fotobuchpreis 91

Hardcover, 184 Seiten mit 170 Farb-+S/W-Fotos
ISBN 3-8003-0794-4 **DM 29,80**

Hardcover, 192 Seiten mit 170 Farb-+S/W-Fotos
ISBN 3-925544-19-4 **DM 39,80**

Ausgezeichnet mit dem KODAK FOTOBUCHPREIS

Hardcover, 180 Seiten mit 156 Farb-+S/W-Fotos
ISBN 3-925544-04-6 **DM 39,80** – Kodak-Fotobuchpreis 90

Hardcover, 156 Seiten mit 140 Farb-+S/W-Fotos
ISBN 3-925544-15-1 **DM 39,80**

Hardcover, 156 Seiten mit 140 Farb-+S/W-Fotos
ISBN 3-925544-10-0 **DM 39,80**

Ausgezeichnet mit dem KODAK FOTOBUCHPREIS

Hardcover, 180 Seiten mit 170 Farb-+S/W-Fotos
ISBN 3-8003-0795-2 **DM 29,80** – Kodak-Fotobuchpreis 88

Hardcover, 156 Seiten mit 140 Farb-+S/W-Fotos
ISBN 3-925544-06-2 **DM 39,80**

Hardcover, 192 Seiten mit 150 Farb-+S/W-Fotos
ISBN 3-8003-0797-9 **DM 29,80**

Hardcover, 156 Seiten mit 120 Farb-+S/W-Fotos
ISBN 3-8003-0796-0 **DM 39,80**

Hardcover, 108 Seiten mit 100 Farb-+S/W-Fotos
ISBN 3-925544-09-7 **DM 39,80**

Hardcover, 184 Seiten mit 150 Farb-+S/W-Fotos
ISBN 3-925544-14-3 **DM 39,80**

Auslieferung:
97080 Würzburg, Beethovenstraße 5